Göttinger Händel-Beiträge

Begründet von Hans Joachim Marx und
im Auftrag der Göttinger Händel-Gesellschaft
herausgegeben von
Laurenz Lütteken und Wolfgang Sandberger

Band XXII

Redaktionelle Mitarbeit
Viviane Nora Brodmann

Vandenhoeck & Ruprecht

Mit Unterstützung des Legats Alan H. Krueck, Universität Zürich

Mit 16 teils farbigen Abbildungen und 6 Notenbeispielen.

Bibliografische Information der Deutschen Nationalbibliothek:
Die Deutsche Nationalbibliothek verzeichnet diese Publikation in
der Deutschen Nationalbibliografie; detaillierte bibliografische Daten
sind im Internet über https://dnb.de abrufbar.

© 2021, Vandenhoeck & Ruprecht GmbH & Co. KG, Theaterstraße 13, D-37073 Göttingen
Alle Rechte vorbehalten. Das Werk und seine Teile sind urheberrechtlich
geschützt. Jede Verwertung in anderen als den gesetzlich zugelassenen Fällen
bedarf der vorherigen schriftlichen Einwilligung des Verlages.

Umschlagabbildung: Kunstsammlung der Georg-August-Universität Göttingen /
Hela Peters-Ebbecke: Portrait des Oskar Hagen (1924) aus dem Bestand der Kunstsammlung
der Georg-August-Universität Göttingen (Inv. Nr. GG 167).

Satz: textformart, Göttingen | www.text-form-art.de
Druck und Bindung: ⊕ Hubert & Co BuchPartner, Göttingen
Printed in the EU

Vandenhoeck & Ruprecht Verlage | www.vandenhoeck-ruprecht-verlage.com

ISSN 0177-7319
ISBN 978-3-525-50180-1

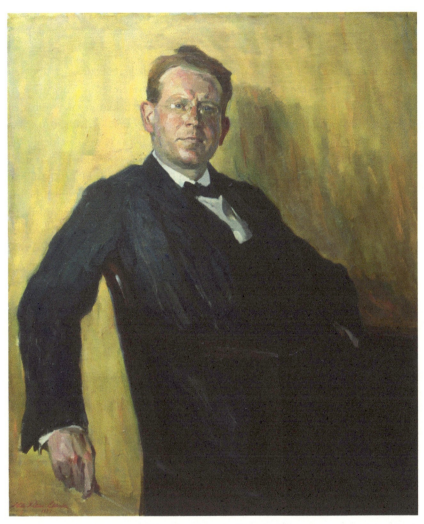

Hela Peters-Ebbecke: Portrait des Oskar Hagen, Öl auf Leinwand, 102 × 87,5 cm, 1924, Bez. unten links „Hela Peters-Ebbecke 1924", Kunstsammlung der Georg-August-Universität Göttingen, Inv. Nr. GG 167

Hela Peters-Ebbecke, Oskar Hagen (1924)

Oskar Hagen (1888–1957), Kunsthistoriker, Händelkenner, Pianist und seit 1919 Leiter der Göttinger Akademischen Orchestervereinigung mit Ambitionen, ist als Gründer der Göttinger Händel-Festspiele bekannt. In Wiesbaden in einer Musikerfamilie aufgewachsen, studierte er zunächst Musik u. a. bei Engelbert Humperdinck in Berlin, wechselte jedoch zur Kunstgeschichte bei Heinrich Wölfflin, wurde 1913 in Halle promoviert und ging unmittelbar nach seiner Habilitation 1918 als Privatdozent nach Göttingen. Aus Halle kommend brachte er die Idee mit nach Göttingen, vergessene Händelopern zu bearbeiten und neu aufzuführen. Dass seine ersten Aufführungen mit anderen musikalischen Amateuren aus dem akademischen Leben Göttingens erfolgten, darunter der als Kunsthistoriker noch heute bedeutende Wolfgang Stechow (1896–1974) als Cellist, ist weit weniger bekannt, führte aber zum Auftrag seines Porträts. Als Hagen 1924 einem Ruf nach Madison, Wisconsin, in die Vereinigten Staaten folgte, war es der Göttinger Universitätsbund, dem bereits die Finanzierung von Hagens Aufführungen seit der *Rodelinde* 1920 zu verdanken war, der das Bildnis bei der Bonner Malerin Hela Peters-Ebbecke (1885–1973) in Auftrag gab. Die Malerin war vor allem durch Porträts aus der Gesellschaft, Darstellungen von Frauen und Kindern in allegorischer Aufladung und Kinderbuchillustrationen bekannt und präsentierte bis in die 1950er Jahre hinein ihre Werke in verschiedenen Ausstellungen. Das in Konzeption und Stil durchaus zeittypische Porträt Hagens ist eine Stiftung: wie aus einem im Göttinger Universitätsarchiv erhaltenen Brief des Universitätsbundes (Prof. Dr. Karl Brandi) vom 8. Juli 1924 an die Universität hervorgeht, war es ausdrücklich „zur dauernden Erinnerung an die für alle Zeit an die Universität Göttingen und den Universitätsbund gebundene Erneuerung der Händelschen Oper seit 1920" bestimmt. Die musikhistorische Bedeutung Oskar Hagens wird deutlich durch den in seiner Rechten gehaltenen Taktstock, während er selbst vor gelbem Hintergrund recht lässig in einem Armstuhl sitzend den Betrachter aufmerksam anschaut.

Eine Restaurierung des Werkes erfolgte 2019 durch die großzügige Spende der *Susanne und Gerd Litfin-Stiftung* anlässlich des bevorstehenden einhundertsten Jubiläums der Göttinger Händel Festspiele.

Anne-Katrin Sors

Inhalt

Laurenz Lütteken (Zürich)
Händel 2020
Versuch einer Einleitung 1

Teresa Cäcilia Ramming (Lübeck)
Händel und Brahms
Hintergründe zu einer Händel-Ausgabe
von Moscheles aus dem Besitz von Johannes Brahms 9

David Reißfelder (Zürich)
Jenseits des Crystal Palace
Arthur James Balfour und die (zweite) *Handel Society* 29

Franziska Reich (Mainz)
Verdeckte Beziehungen
Max Regers Händelrezeption im Umfeld
seines *Konzerts im alten Stil* op. 123 51

Lea Kollath (Lübeck)
Klangbild des Göttlichen – Zu den Händel-Referenzen
in Hermann Hesses *Der Steppenwolf* 71

Andrea Rechenberg (Göttingen)
Zeit, Gelegenheit und Mittel
Händel_Göttingen_1920. Ausstellung zur Entstehung
der Händel Festspiele in Göttingen 89

Oskar Hagen
Rodelinde 101

Internationale Bibliografie der Händel-Literatur 2019/2020 119

Mitteilungen der Göttinger Händel-Gesellschaft e. V. 125

Register 129

Händel 2020
Versuch einer Einleitung

Laurenz Lütteken (Zürich)

Das Fest zum einhundertsten Geburtstag der Göttinger Händel-Festspiele hätte ein glanzvolles Jubiläum werden sollen. Es kam ganz anders, durch die große Pandemie des Jahres 2020, deren Ende auch zum Zeitpunkt der Drucklegung dieses neuen Bandes der Göttinger Händel-Beiträge nicht absehbar ist. Alle kulturellen Veranstaltungen im zweiten Jahresdrittel und dann wieder gegen Ende des Jahres wurden abgesagt, nicht nur in Europa; die Jubiläums-Festspiele fielen folglich, von einem kleinen Online-Angebot abgesehen, aus. Davon war auch das Festspiel-Symposium betroffen, jener Teil, der traditionell mit der Universität und den Ursprüngen der Festspiele verbunden ist – denn diese sind 1920 aus der Universität Göttingen hervorgegangen. Die große Jubiläums-Ausstellung, die im Städtischen Museum Göttingen für 2020 vorbereitet wurde und in der die Geschichte der Festspiele anschaulich dokumentiert werden sollte, war ebenfalls nach der Eröffnungszeit nicht zugänglich und wurde in ein digitales Format überführt. Allein die Göttinger Händel-Beiträge, von Beginn an eng auf die Festspiele bezogen, konnten erscheinen. Dies war nur möglich, weil die Bände im Wesentlichen die Festspiel-Symposien des Vorjahres dokumentieren. So war es auch im letzten Band, in dem das Symposium des Jahres 2019 veröffentlicht wurde – ergänzt um den Festvortrag von Wilhelm Krull. Dieser sollte ein organischer Vorausblick auf das Jubiläumsjahr sein, doch mit einem Mal wurde er zum einzigen Zeugnis des Jubiläums.[1]

Diese Umstände des Jahres 2020 bieten allerdings Anlass zu einer Rückschau eigener Art. Die große epidemiologische Krise hat deutlich werden lassen, dass das öffentliche Erklingen von Musik keine Selbstverständlichkeit ist.[2] Gleichzeitig hat sie aber in Erinnerung gerufen, dass die meisten historischen Biographien der frühen Neuzeit überschattet waren von einer Vielzahl von Seuchen, Epidemien und Krankheitswellen – auch wenn diese oftmals nur ungenau und rudimentär rekonstruierbar sind. Das gilt auch für Georg Friedrich Händel, dessen Lebensweg nur deswegen so lang und so erfolgreich war, weil er, was in

---

[1] Wilhelm Krull: *Das Ende vom Anfang? Der Erste Weltkrieg, die Wiederentdeckung Händels und das kurze 20. Jahrhundert*, in: *Göttinger Händel-Beiträge* 21, 2020, S. 99–117.
[2] Vgl. dazu Laurenz Lütteken: *Nach der Krise werden wir anders hören*, in: *Neue Zürcher Zeitung*, 15. April 2020, S. 27; Wiederabdruck in: *Tonhalle-Magazin Zürich*, Sommer 2020, S. 26–29.

vielen Zeugnissen hervorgehoben wird, über eine offenbar sehr robuste Gesundheit verfügt hat. Die einzigen greifbaren (und gravierenden) Einschränkungen waren wiederkehrende Lähmungserscheinungen, die erstmals 1737 dramatisch auftraten, und, ab 1751, ein Augenleiden, das wohl mehrfach behandelt wurde, schließlich aber zur Erblindung führte.[3] Über die Ursachen vor allem der Lähmungen ist vielfach spekuliert worden, sichere Aussagen lassen sich aber kaum machen.[4]

Ein weiteres Indiz für die robuste Gesundheit ist jedoch der Umstand, dass Händel offenkundig alle großen Epidemien, denen er in seinem Leben begegnete oder in deren Nähe er sich befand und deren Auswirkungen er erlebte, unbeschadet überstand. Das war alles andere als selbstverständlich. Als er am 23. Februar 1685 in Halle geboren wurde, war die letzte (und besonders verheerende) Pestepidemie in der Stadt gerade halbwegs überstanden.[5] Sein Vater, der Wundarzt Georg Händel, der bereits den Fleckfieber- und Pestausbruch des Jahres 1636 erlebt hatte, dabei seinen Vater verlor und wegen der einsetzenden Not das Gymnasium verlassen musste, war von der 1681 ausbrechenden Pest ganz unmittelbar betroffen, denn ihr fiel seine Frau Anna zum Opfer.[6] Im Frühjahr 1683 war der Höhepunkt der Seuche bereits überschritten, eingedämmt wurde sie offenbar vor allem dank einer systematischen landesherrlichen Verordnungswelle.[7] Zu diesem Zeitpunkt heiratete Georg Händel zum zweiten Mal, und zwar die mehr als drei Jahrzehnte jüngere Dorothea Taust. Die Auswirkungen der Krankheitswelle, der mehr als ein Viertel der halleschen Bevölkerung erlag, waren jedoch nach wie vor erheblich, sie bestimmten das Leben der Stadt für mindestens eine Generation. Die Kindersterblichkeit blieb

---

[3] Vgl. hier den Überblick bei Daniel Schäfer: Art. „Krankheiten", in: Hans Joachim Marx (Hg.): *Das Händel Lexikon*, Laaber 2011, S. 438–441.

[4] Vgl. hier etwa Stefan Evers: *Zur Pathographie Händels*, in: Händel-Jahrbuch 40/41, 1994/95, S. 23–46.

[5] Zum Kontext Edward A. Eckert: *The Retreat of Plague from Central Europe, 1640–1720. A Geomedical Approach*, in: *Bulletin of the History of Medicine* 74, 2000, S. 1–28, hier S. 15f; zudem Jakob und Katrin Moeller: *Pandemien und Sterblichkeitskrisen in der Geschichte Halles (1579 bis 2018)*, in: *Preprints und Working Paper*, hg. vom Historischen Datenzentrum Sachsen-Anhalt, Halle 2020, http://dx.doi.org/10.25673/32869 (Zugriff am 01.11.2020).

[6] Zur Biographie Edwin Werner: *Georg Händel (1622–1697). Eine Biographie des 17. Jahrhunderts*, in: *Händel-Jahrbuch* 40/41, 1994/95, S. 95–103.

[7] In einer amtlich gedruckten Flugschrift wurde verfügt, „daß keiner bey Leibs- und Lebens Straffe sich unterstehen solte / aus einen inficirten Hause einiges Geräthe / Kleider / Betten / oder andere Sachen zutragen / noch an sich zu nehmen"; die Verfügung wurde am 26. November 1682 erlassen und in einer Flugschrift veröffentlicht (das Exemplar in D-HAu an Pon Yd 444, 4° (153), auch digital verfügbar); vgl. auch [Anon.]: *Die Gesellschafft Dreyer Nachbaren zu Pest-Zeiten / Als Die nützlichste und beste Pest-Policey / Von der einreißenden Contagion und Ruin vieler tausend Menschen eine Stadt und Land zuerretten […]*, Halle 1682.

äußerst hoch, auch der erste Sohn des Ehepaars Händel starb 1684. Und die durchschnittliche Lebenserwartung sank dramatisch, und zwar um fast ein Drittel, auf etwa 23 Jahre. Ob der frühe Tod von Händels jüngeren Schwestern, vor allem von Johanna Christiana Händel (1690–1709), darauf zurückzuführen ist, kann nicht mehr als eine Vermutung sein, ist aber nicht unwahrscheinlich. Ob dies auch Ursachen für Händels Fortgang aus Halle waren, lässt sich ebenfalls nicht sagen, ist aber zumindest möglich.

In Italien begegneten ihm hingegen andere Seuchen. In Rom wütete noch 1705, möglicherweise als Folge des verheerenden Erdbebens, das die Stadt 1703 schwer getroffen hatte, eine schlimme Malaria-Epidemie. Deren Auswirkungen dürfte Händel auch bei seiner Ankunft noch bemerkt haben, zumal die Gefahr keineswegs gebannt war und weitere Ausbrüche im Kirchenstaat folgten, so schon 1707 in Bagnoregio.[8] Mit der Rückkehr nach Norddeutschland rückte jedoch unversehens die Pest wieder in sein Blickfeld, denn die Seuche brach gegen 1708 erneut aus. Während sein erster Hamburg-Aufenthalt davon noch unberührt war, erreichte die Krankheit die Stadt 1711, mit besonders grausamen Folgen.[9] Die Neuordnung der Bürgergesellschaft im ‚Großen Hauptrecess' war eine direkte Folge. In jedem Fall waren die Auswirkungen in Hannover unmittelbar spürbar. Ob die etwas unsicheren Pläne dieser Zeit auch mit diesen Rahmenbedingungen zu tun hatten, lässt sich ebenfalls nur vermuten.

Als Händel hingegen im November 1710 erstmals in London eintraf, befand sich die Stadt gerade im Bann einer besonders schweren Pockenepidemie, die mehrere tausend Tote forderte.[10] Ob dies ein zusätzlicher Beweggrund für die Rückkehr nach Hannover war, ist auch deswegen schwer zu sagen, weil die Pest-Situation sich zu derselben Zeit im Norden stark zugespitzt hatte. Allerdings war dies Händels erste direkte Begegnung mit der hochansteckenden, oft tödlich verlaufenden Pockenkrankheit, die zu den stärksten (und regelmäßig wiederkehrenden) Epidemien des 18. Jahrhunderts gehörte und erst gegen Ende des Jahrhunderts durch die Erfindung der Impfung ihren Schrecken verlor.[11] Während Händels Londoner Zeit erschütterten mehrere Pockenwellen England

---

[8] Dazu Anna Celli-Fraentzel: *Die Malaria im 17. Jahrhundert in Rom und in der Campagna im Lichte zeitgenössischer Anschauungen*, in: *Archiv für Geschichte der Medizin* 20, 1928, S. 101–119, hier S. 117 ff.

[9] Zur Pest in Hamburg u. a. Mary Lindemann: *Patriots and Paupers. Hamburg, 1712–1830*, New York/Oxford 1990, S. 78 ff.

[10] Adolf Wernher: *Das erste Auftreten und die Verbreitung der Blattern in Europa bis zur Einführung der Vaccination. Das Blatternelend des vorigen Jahrhunderts*, Diss. Gießen 1892, Gießen 1892, S. 56 f.

[11] Dazu Peter C. Plett: *Peter Plett und die übrigen Entdecker der Kuhpockenimpfung vor Edward Jenner*, in: *Sudhoffs Archiv* 90, 2006, S. 219–232.

und die Stadt, besonders heftig waren offenbar die Ausbrüche von 1735, mit tödlichen Folgen für praktisch jeden Infizierten, und 1752, wo innerhalb eines Jahres über 3.500 Tote zu beklagen waren. Gegen Ende seines Lebens wurde London von einer Tuberkulose-Epidemie erschüttert, die kurz nach Händels Tod ihren Höhepunkt erreichte. Hinzu kommen kleinere Ausbrüche anderer Seuchen wie die erste Diphterie-Welle in London 1739.[12] Ergänzt wurde dies durch sehr unterschiedliche Erfahrungen auf seinen Reisen. Während er bei seinem Aufenthalt in Aachen 1737 einen weitgehend seuchenfreien Ort kennenlernte, dürften die epidemiologischen Verhältnisse in Dublin nach der großen Hungersnot 1740/41 katastrophal gewesen sein.[13]

Auch wenn Händel, abgesehen von seiner Geburt, nicht in den epidemischen Epizentren des 18. Jahrhunderts lebte, so war er doch fortwährend mit den großen Gefährdungen vertraut. Ob er je ernsthaft an einer Infektion erkrankte, lässt sich nicht sicher sagen. Welcher Ursache die Erkrankung war, die 1759 zur Schwächung, dann zur Bettlägerigkeit führte, ist ebenfalls unbekannt. Doch zweifellos bieten die Umstände des Jahres 2020 nicht nur Gelegenheit zu einem Rückblick auf das Gründungsjahr der Festspiele 1920, also auf ein Jahr, in dem die Spanische Grippe weltweit wütete und auch Europa nach wie vor bedrohte, sondern auch auf Händels Lebzeiten, die in unterschiedlichen Formen und in unterschiedlichen Gefährdungen von epidemischen Wellen überschattet waren.

* * *

Der Ausfall der Händel-Festspiele und des Symposiums verlangte ein abweichendes Konzept für die Göttinger Händel-Beiträge, die nun nicht vornehmlich aus Tagungsvorträgen bestehen, sondern aus freien Beiträgen. Von vornherein war klar, dass die GHB auch 2021 erscheinen sollten, auch, um die Kontinuität der Festspiele auf dieser Ebene zu demonstrieren. Den damit verbundenen Optimismus soll man auch in ernsten Zeiten und im Angesicht von geschlossenen Theatern und Konzertsälen nicht ablegen; er hat auch die Protagonisten des Jahres 1920 getragen. Die Gründung der Festspiele, das Engagement Oskar Hagens, die ersten Opernaufführungen in den 1920er Jahren haben daher für den vorliegenden Band einen Fokus auf die Händel-Rezeption nahegelegt. Damit war nicht die erste Zeit der Festspiele gemeint, sondern gewissermaßen jener

---

[12] Nicole-Kerstin Baur: *Die Diphtherie in medizinisch-geographischer Perspektive. Eine historisch-vergleichende Rekonstruktion von Auftreten und Diffusion der Diphtherie sowie der Inanspruchnahme von Präventivleistungen*, Diss. Heidelberg 2005, S. 100.

[13] Leslie A. Clarkson: *Feast and Famine. Food and Nutrition in Ireland, 1500–1920*, Oxford 2010; Egon Schmitz-Cliever: *Ergebnisse seuchengeschichtlicher Untersuchungen für die Reichsstadt Aachen bis zum Ausgang des 18. Jahrhunderts*, in: *Sudhoffs Archiv für Geschichte der Medizin und der Naturwissenschaften* 38, 1954, S. 289–302, hier S. 299.

Zeitraum, in dem Oskar Hagen – selbst von hoher musikalischer Begabung – sozialisiert und ausgebildet wurde, also die Zeit der Jahre vor und um 1900, die in der Erforschung der Händel-Rezeption bisher eher beiläufig behandelt wurden. Und es sollte ein Akzent gesetzt werden in dem Bestreben, vor allem jüngere Wissenschaftler für die Mitarbeit zu gewinnen.

Der Historiker Georg Gottfried Gervinus, Mitglied der ‚Göttinger Sieben', entfaltete in seiner Schrift über *Händel und Shakespeare* von 1868 ausdrücklich eine *Ästhetik der Tonkunst*, in der das Nationale sich erst in Übereinstimmung mit künstlerischer Wahrhaftigkeit formieren sollte.[14] Dabei spielte Händel eine zentrale Rolle, wie er auch in seinen späteren Lebenserinnerungen noch vermerkte:

> „Unter spärlichen Aphorismen aus meiner Reisezeit finde ich den Satz geschrieben: daß mir in jeder Beziehung da Vinci mehr als Raphael und Michel Angelo der Mann zu sein scheine, dessen Leben, Charakter, Schriften und Kunstwerke sich die deutsche Kunst vorzugsweise zum Muster nehmen sollte, weil in den psychischen Aufgaben der Seelenmalerei den Nordländern das entschiedene Uebergewicht gesichert sei, das im rein formalen die Südländer stets behaupten würden. Dies ist schon aus demselben Sinne geschrieben, der mich nachher ein so scharf vorstehendes Gefallen an Titian, an Shakespeare, an Händel finden ließ. Es ist im Aesthetischen ganz der nationale Standpunct, zu dem ich, rein im Gegensatze zu dem fremden Lande und Volke, damals die ersten Impulse erhielt."[15]

Dieses Nationale, das auch in England hervorgehoben wurde, führte zugleich zur Reduktion auf den Oratorien- und Chorkomponisten, die deswegen besonders wirkmächtig war, weil sie der tendenziell nach individueller Repräsentation strebenden Kultur der Bürgerlichkeit zumindest in der Musik die Möglichkeit zur gemeinschaftlichen Gruppenerfahrung, zum großen, gemeinsamen Erlebnis bot, verbunden mit den überwältigenden, läuternden Wirkungen, die man der Musik und nur ihr allein zutraute.

Hans-Georg Nägeli, der in seiner Musikästhetik die läuternde, kollektive Kraft der Vokalmusik hervorhob, hat diese Größe als Wesensmerkmal von Händels Chören festgehalten. Denn diese, die Chöre, seien „ganz stimmgemäß, ganz chorgemäß" gesetzt.

> „Stimmgemäß ist, was aus der Menschenbrust und Menschenkehle zwanglos, ja physisch behaglich hervorgeht; chorgemäß, was eine Stimmenmenge zusammentreffend

---

[14] Georg Gottfried Gervinus: *Händel und Shakespeare. Zur Ästhetik der Tonkunst*, Leipzig 1868; 1873 publizierte Gervinus eine Übersetzung, bezeichnenderweise aller Oratorientexte Händels (*Händel's Oratorientexte*, übersetzt von G. G. Gervinus, Berlin 1873).

[15] Georg Gottfried Gervinus: *Leben. Von ihm selbst*, Leipzig 1893, S. 254f; vgl. hier Martin Geck: *Shakespeare und Händel. Aufstieg, Peripetie und Niedergang eines kulturgeschichtlichen Diskurses*, in: *Musik-Konzepte. Neue Folge* 181, 2006, S. 53–66.

leicht auszuführen vermag; vollends *ästhetisch-chorgemäß*, was um so mächtigere Wirkung thut, je mehr es in großen (starken) Tonmassen vor die Anschauung tritt."[16]

Adalbert Stifter ist in seinem *Nachsommer* darauf zurückgekommen:

„Das, was die Griechen in der Bildnerei geschaffen haben, ist das Schönste, welches auf der Welt besteht, nichts kann ihm in andern Künsten und in späteren Zeiten an Einfachheit, Größe und Richtigkeit an die Seite gesetzt werden, es wäre denn in der Musik, in der wir in der Tat einzelne Satzstücke und vielleicht ganze Werke haben, die der antiken Schlichtheit und Größe verglichen werden können. Das haben aber Menschen hervorgebracht, deren Lebensbildung auch einfach und antik gewesen ist, ich will nur Bach, Händel, Haydn, Mozart nennen."[17]

Und dass damit der Chorkomponist Händel gemeint war, ist offenkundig.

Und doch mehrten sich in der zweiten Hälfte des 19. Jahrhunderts, wohl auch unter dem Eindruck von Chrysanders Ausgabe, die Anzeichen, einen ‚anderen' Händel wahrnehmen zu wollen. Auch wenn, wie Teresa Cäcilia Ramming in ihrem Beitrag hervorhebt, Johannes Brahms vor allem an die ‚große' Wirkung der Chöre Händels glaubte, so geht seine eigene Auseinandersetzung, sichtbar an den Händel-Variationen, doch in eine andere Richtung. Die erstaunliche Wirkungsgeschichte der *Suite de Pièces pour le Clavecin*, die in der Edition von Ignaz Moscheles den Komponisten und Pianisten Brahms in Bann gezogen hat, kann dies auf bemerkenswerte Weise veranschaulichen – auch vor dem Hintergrund, dass Moscheles selbst andere Akzente als die des Chorkomponisten gesetzt hat.[18] Ganz anders präsentieren sich dagegen die bemerkenswerten Zusammenhänge, die David Reißfelder für den Politiker und Premierminister Arthur James Balfour (1848–1930) nachzeichnet. Und trotzdem ist es hier gleichfalls bemerkenswert, dass neben die Oratorien die Leidenschaft für die Instrumentalmusik in den Mittelpunkt rückt.

In die unmittelbare Nähe der Göttinger Bemühungen führt bereits der Beitrag von Franziska Reich, die sich neuerlich der Händel-Rezeption Max Regers widmet – mit dem verblüffenden Befund, dass sich das *Konzert im alten Stil* Max Regers weniger der bisher vor allem geltend gemachten Auseinandersetzung mit Bach, sondern vielmehr der Beschäftigung mit Händel verdankt. Und Lea Kollath kann, erstmals, aufzeigen, welch erstaunliche Rolle Händels Musik, und wiederum die Instrumentalmusik, in Hermann Hesses *Der Steppenwolf,*

---

[16] Hans Georg Nägeli: *Vorlesungen über Musik mit Berücksichtigung der Dilettanten*, Stuttgart/Tübingen 1826, S. 231.

[17] Adalbert Stifter: *Der Nachsommer. Eine Erzählung*, hg. von Wolfgang Frühwald, Stuttgart u. a. 1999 (= Adalbert Stifter. Werke und Briefe 4, 2), S. 466.

[18] Dazu etwa Dieter Gutknecht: *Studien zur Geschichte der Aufführungspraxis Alter Musik. Ein Überblick vom Beginn des 19. Jahrhunderts bis zum Zweiten Weltkrieg*, Köln 1993, S. 122 f.

entstanden nur wenige Jahre nach den ersten Göttinger Händel-Festspielen, einnimmt. Die Hinwendung zum Opernkomponisten Händel in Göttingen hatte also einen breiten Kontext. Andrea Rechenberg geht den genaueren Göttinger Umständen, in denen keineswegs Oskar Hagen die einzige Rolle spielte, in ihrer Dokumentation der Göttinger Jubiläumsausstellung nach.

Oskar Hagen war dennoch in vielerlei Hinsicht die Schlüsselfigur. Deswegen steht sein von Anne-Katrin Sors vorgestelltes Portrait, das aufwendig restauriert wurde, als Schlüsselobjekt am Beginn dieses Bandes. Die Herausgeber haben sich zudem entschlossen, die GHB mit dem Nachdruck des Göttinger *Rodelinde*-Librettos zu beschließen. Das Heft erschien denkbar unspektakulär auf eigene Kosten in Kommission beim Göttinger Verlag von Rudolf Kuhnhardt.[19] Auch wenn Ausführende und Anlass nicht genannt werden, so ist der Binnentitel doch aufschlußreich: „Rodelinde. Musikdrama in drei Aufzügen von Nicola Haym. Musik von G. Fr. Händel. Auf Grund der Partitur der Deutschen Händelgesellschaft übersetzt und für die moderne Bühne eingerichtet von Dr. Oskar Hagen". Hagen selbst hat kurze Erläuterungen als Aufsatz veröffentlicht, in denen er den Vergleich zur Kunstgeschichte zog.[20] Wenn man nur die späten Werke Michelangelos kennen und behaupten würde, die früheren Werke hätten „keinen Anspruch auf weitere Beachtung", so sei dies historisch verantwortungslos: „Einen derartigen unerhörten Fall braucht sich die Musikgeschichte nicht erst in der Phantasie auszudenken; bei Händel ist er da!" Er möchte also die „Händelschen Musikdramen" aufführen, beginnend mit der *Rodelinde*, und er weiß sich, unter dem Eindruck von Chrysanders Werkausgabe, dem Libretto durchaus verpflichtet, fordert aber doch eine gravierende Bearbeitung, deren Prinzipien er dann in seinem Beitrag erläutert. Dort vermerkt er zugleich, dass er für die Drucklegung der Partitur keinen Verleger gefunden habe, 1923 konnte aber bei Peters wenigstens ein Klavierauszug seiner Fassung erscheinen.

Die näher ausgeführten Praktiken Hagens blieben allerdings nicht unumstritten, sie fanden kurze Zeit später den entschiedenen Widerspruch von Rudolf Steglich, dem die Göttinger Partitur offenbar vorlag und der den Göttinger Bemühungen vorwarf „ein halb modernes, halb barockes Zwittergebilde" erzeugt zu haben.[21] Der Begriff des ‚Musikdramas' mag dabei Hagens Stoßrichtung anzeigen. Dem entspricht die Kürzung vor allem, aber nicht nur von Arien,

---

[19] G[eorg] Fr[iedrich] Händel: *Rodelinde*, Göttingen o. J. [1920]. Hier benutzt das Exemplar in der Zentralbibliothek Zürich, Mus L 218.
[20] Oskar Hagen: *Die Bearbeitung der Händelschen ‚Rodelinde' und ihre Uraufführung am 26. Juni 1920 in Göttingen*, in: Zeitschrift für Musikwissenschaft 2, 1919/20, S. 725–732, die Zitate S. 725.
[21] Rudolf Steglich: *Händels Oper Rodelinde und ihre neue Göttinger Bühnenfassung*, in: Zeitschrift für Musikwissenschaft 3, 1920/21, S. 518–534, hier S. 534.

die Bearbeitung der Rezitative, die Hinzufügung von Szenenanweisungen und Schauplätzen – sowie die Auslassung der Szenenunterteilung. Es ist dies also ein Dokument eigener Art, das hier wieder zugänglich gemacht werden soll.

Am Schluß ist es den Herausgebern ein tiefes Bedürfnis, all jenen zu danken, die das Zustandekommen dieses sehr besonderen und außergewöhnlichen Jahrbuchs in ebenso ungewöhnlichen Zeiten möglich gemacht haben. Die Göttinger Händel-Gesellschaft hat sich mit großem Engagement entschlossen, am Jahrbuch auch und gerade jetzt festzuhalten. Die Autorinnen und Autoren haben ihre Texte zur Verfügung gestellt – und dem engen Zeitplan keine unüberwindlichen Hürden entgegengesetzt. Die *Internationale Bibliografie der Händel-Literatur* liegt neu in den Händen von Esma Cerkovnik (Zürich), die damit die Arbeit von Hans-Joachim Marx und Michael Meyer fortsetzt. Viviane Nora Brodmann hat sich unermüdlich für die nicht ganz einfache Redaktion eingesetzt, Laura Kacl und Adrienne Walder haben das Register erstellt. Das Legat Alan H. Krueck an der Universität Zürich hat einen Zuschuss zur Drucklegung gewährt. Allen Beteiligten gilt der herzliche Dank der Herausgeber.

Händel und Brahms
Hintergründe zu einer Händel-Ausgabe von Moscheles aus dem Besitz von Johannes Brahms

Teresa Cäcilia Ramming (Lübeck)

I. Georg Friedrich Händel und Johannes Brahms

Auf dem Deckengemälde der Zürcher Tonhalle „Komponistenhimmel" von Peregrin von Gastgeb sind Georg Friedrich Händel (1685–1759) und Johannes Brahms (1833–1897) quasi Seite an Seite, freilich gemeinsam mit Bach, Gluck, Haydn, Mozart, Beethoven und Wagner, zu sehen.[1] Der Besucher des Zürcher Konzertsaales sieht Brahms und Händel hier gewissermaßen in einer ikonografischen Illusion der „Gleichzeitigkeit des Ungleichzeitigen"[2], als öffentlichkeitswirksame Kanon-Illusion. Händel und Brahms begegnen uns mit Blick auf die Zürcher Tonhalle aber nicht nur ikonografisch, sondern auch musikalisch: Bei der Eröffnung der Tonhalle im Jahre 1895 erklang das *Triumphlied* von Brahms im Beisein des Komponisten, ein Werk, dessen starke Anlehnung an Händel nicht nur von Richard Wagner 1879[3] – in diesem Falle in besonders kritischer Art und Weise – registriert worden ist. Josef Viktor Widmann etwa hält in seiner Rezension des Eröffnungskonzertes 1895 fest, dass das *Triumphlied* sich „neben die großartigen Tonwerke Bachs, Händels und Beethovens stellt."[4]

---

[1] Zum Deckengemälde in der Zürcher Tonhalle vgl. insbesondere Wolfgang Sandberger: *Johannes Brahms im Komponistenhimmel: zum Deckengemälde der Zürcher Tonhalle von 1895*, in: *Imago musicae* 25, 2012, S. 129–143. Ders.: *Imagination und Kanon. Der „Komponistenhimmel" in der Zürcher Tonhalle von 1895*, hg. von Urs Fischer und Laurenz Lütteken, Winterthur 2015 (= Zweihundertstes Neujahrsblatt der Allgemeinen Musikgesellschaft Zürich auf das Jahr 2016). Eine erste Beschäftigung von Wolfgang Sandberger mit dem Deckengemälde findet sich im Kapitel *Bilder, Denkmäler, Konstruktionen – Johannes Brahms als Figur des kollektiven Gedächtnisses*, in: ders. (Hg.): *Brahms Handbuch*, Stuttgart/Weimar 2012, S. 2–22, insbesondere S. 2.

[2] Wolfgang Sandberger verwendet im Zusammenhang mit dem „Komponistenhimmel" das Theorem der Gleichzeitigkeit des Ungleichzeitigen des Philosophen Ernst Bloch. Vgl. Sandberger: *Imagination und Kanon* (wie Anm. 1), S. 38.

[3] Wagner spottet in seiner Schrift *Über das Dichten und Komponieren* von 1879 über Brahms, dass dieser sich beim Komponieren des *Triumphliedes* wohl die „Halleluja-Perücke Händels" aufgesetzt habe. In: Richard Wagner: *Sämtliche Schriften und Dichtungen*, Bd. 13, Leipzig 1912, S. 254f. Vgl. dazu auch Sandberger: *Imagination und Kanon* (wie Anm. 1), S. 39.

[4] Die Rezension von Widmann erschien in *Der Bund* vom 23. Oktober 1895; hier zit. nach ebd., S. 39.

Der hier eröffnete Kontext der nur als ikonografische Illusion möglichen „Gleichzeitigkeit des Ungleichzeitigen" lässt sich auch mit Blick auf einen Vergleich Händel – Brahms in musikalischen Dingen übertragen: Zwar lautet die Überschrift hier „Händel und Brahms", doch ein Vergleich oder gar eine Gleichsetzung der Komponisten, wie es etwa Siegmund-Schultze in doppelter Weise[5] versucht hat, führt zu höchstens oberflächlichen Einsichten, wie etwa, dass beide die „Meisterschaft auf dem Gebiet der Töne"[6] erreicht haben und als deutsche Großmeister Teil des musikalischen Kanons wurden. Dieser Versuch Siegmund-Schultzes, forciert Gemeinsamkeiten zwischen den beiden aufzuzeigen, geht paradoxerweise zuerst von den frappanten Differenzen, wie etwa den unterschiedlichen Gattungen im Œuvre der beiden aus: So weist er bei Händel auf dessen Kantaten, Opern und Oratorien hin, während Brahms eher als Komponist seiner vier Sinfonien, seiner (Volks-)Lieder und der zahlreichen Kammermusikwerke im kulturellen Gedächtnis haften geblieben sei. Dass ein Vergleich – auch fernab dieser doch evidenten Unterschiede – scheitern muss, zeigt spätestens Siegmund-Schultzes Versuch eines Fazits bezüglich der Gemeinsamkeiten von Brahms und Händel. So hält er etwa fest:

> „Bis zur ersten Hälfte ihres siebenten Lebensjahrzehnt haben beide Meister ihr 50-jähriges Schaffen geführt, ihre frühen Anfänge nie verleugnend – bei beiden zeigen sich sogar bewußte Rückbezüge –, zum Kernpunkt gelangend, der Mäßigung, Bescheidung, Wahrheit, heißt, biblische, christliche, antike, renaissancehafte Traditionen aufnehmend und weitergestaltend."[7]

Das Ganze gipfelt in der Aussage: „Beharrendes und Vorwärtsweisendes waren für beide Komponisten keine Gegensätze; ihr fruchtbares Zusammenwirken macht die Originalität und Qualität ihrer Musik aus".[8] Neben weiteren vom Autor eruierten Kongruenzen wie hohem Ethos, ausgeprägtem Geschäftssinn, Vorbild-Wirkung für spätere Komponisten oder (dem vor allem im Brahms-Bild öfters angesprochenen Aspekt) der Melancholie schlägt er den Bogen hin zu einer Gemeinsamkeit quasi in personam, zu Richard Wagner: „Wagner konnte bekanntlich weder Händel noch Brahms so recht leiden"[9]. Diese Aussage relativiert der Autor sogleich wenigstens in Bezug auf Brahms teilweise, indem er das wohlbekannte, in Max Kalbecks Brahms-Biografie überlieferte Wagner-Zitat zu

---

[5] Beide Aufsätze tragen den Titel *Händel und Brahms* und sind im *Händel-Jahrbuch* veröffentlicht worden: Walther Siegmund-Schultze: *Händel und Brahms*, in: *Händel-Jahrbuch* 29, 1983, S. 75–83; Ders.: *Händel und Brahms*, in: *Händel-Jahrbuch* 39, 1993, S. 129–133.
[6] Siegmund-Schultze: *Händel und Brahms* (1983) (wie Anm. 5), S. 75.
[7] Vgl. ebd., S. 81.
[8] Ebd., S. 82.
[9] Ebd.

Brahms' *Händel-Variationen* op. 24, die nun zum Gegenstand der weiteren Abhandlung werden sollen, nachliefert: „Man sieht, was sich in alten Formen noch leisten läßt, wenn einer kommt, der versteht, sie zu behandeln."[10]

Eine Annäherung an Brahms und Händel im Sinne von Gemeinsamkeiten wird höchstens über das kompositorische Werk und insbesondere über rezeptionshistorische Herangehensweisen möglich. Händel und Brahms sind eben nur und ausschließlich im Sinne einer ikonografischen Illusion von „Gleichzeitigkeit des Ungleichzeitigen" des musikalischen Kanons, wie im Zürcher „Komponistenhimmel", Seite an Seite zu sehen. Der symbolische Blick in den „Komponistenhimmel" und der Illusion einer Gleichzeitigkeit von Händel und Brahms soll nun auf ein philologisches Detail und den sich daraus ergebenden Erkenntnissen bezüglich der Händel-Rezeption im Schaffen von Johannes Brahms gelenkt werden: Der Musikbibliothekar Torsten Senkbeil entdeckte im Jahre 2015 in der Bibliothek der Musikhochschule Lübeck einen Moscheles-Druck von Händels *Suite de Pièces pour le Clavecin*, der neben zahlreichen Bleistifteintragungen auch eine eigenhändige Widmung von Brahms sowie handschriftliche Eintragungen von Friederike Wagner enthält. Der Band wurde vom Finder der Sammlung des Brahms-Instituts an der Musikhochschule Lübeck übergeben und ist bislang von der Forschung nicht berücksichtigt worden.[11] Vorab soll aber kurz an Brahms' Weg hin zu seiner Auseinandersetzung mit Händel – und ganz konkret den *Händel-Variationen* op. 24 – erinnert werden:

II. Schumann – Moscheles – Beethoven – Händel: Variationen auf Brahms' Weg zur kompositorischen Meisterschaft

Dass Brahms sich zeitlebens mit dem Werk der alten Meister wie Schütz, Bach und Händel auseinandersetzte, wurde in der Forschung bereits in vielfacher und eingehender Weise aufgezeigt. „Dauerhafte Musik"[12] nannte Brahms die Werke

---

[10] Max Kalbeck: *Johannes Brahms*, Bd. 2, Halbbd. 1, 2. Aufl., Berlin 1908, S. 117. Hier zit. nach ebd., S. 82. Der Überlieferung nach sollte Brahms bei seinem (einzig gebliebenen) persönlichen Zusammentreffen mit Richard Wagner vom 6. Februar 1864 in dessen Wiener Wohnung auf das vehemente Drängen hin seine *Händel-Variationen* op. 24 gespielt haben, woraufhin sich – so Kalbeck – Wagner durchaus lobend geäußert haben soll. Vgl. dazu auch u. a. Johannes Forner: *Brahms auf Händels Spuren*, in: Mitteilungen Freundes- und Förderkreis des Händel-Hauses zu Halle e. V. 2, 2013, S. 24–29, hier S. 29.
[11] Inv. Nr.: 2015.116.
[12] Vgl. dazu insbesondere den Abschnitt „*Dauerhafte Musik*" von Wolfgang Sandberger im Kapitel *Bilder, Denkmäler, Konstruktionen – Johannes Brahms als Figur des kollektiven Gedächtnisses*, in: ders.: *Brahms Handbuch* (wie Anm. 1), S. 18–20.

dieser Meister, wie bereits Gustav Jenner zu berichten wusste.[13] Diese galt es zu bewahren und weiterzuführen: Neben Brahms' kompositorischer Auseinandersetzung mit dem Großmeister Händel wie bei den *Händel-Variationen* op. 24 – dies sei hier wenigstens am Rande einmal bemerkt – lässt sich Händel auch in Brahms' Wirken als Bearbeiter bzw. Herausgeber, als Dirigent und Interpret nachverfolgen. So schrieb er etwa die Klavierbegleitungen zu den meisten der italienischen Kammerduette für Chrysanders Händel-Gesamtausgabe[14] und brachte mehrere Werke Händels sowohl als Pianist wie auch als Dirigent zur Aufführung. Die Verbreitung der Werke Händels und Bachs war ihm auch in späteren Jahren insbesondere vor dem Wiener Publikum[15] ein großes Anliegen: Noch zwei Jahre vor Brahms' Tod, im Jahre 1895, schrieb der Komponist an den Leiter der Wiener Gesellschaftskonzerte Richard von Perger: „Von mir werden Sie begreifen, daß ich vor allem denke, wie die Wiener kaum eine Ahnung von wahrhaft großer Chormusik haben, wie wenig hier Bach und Händel gekannt sind".[16] Stellvertretend hierfür seien die Aufführungen einiger oratorischer Werke Händels genannt, die Brahms im Rahmen seines Amtes als artistischer Direktor der Gesellschaft der Musikfreunde mit dem dortigen Singverein realisierte: Das *Dettinger Te Deum* (1872), Teile aus *Saul* (1873), *Alexanderfest* (1873) und *Salomo* (1874).[17]

---

[13] Gustav Jenner: *Johannes Brahms als Mensch, Lehrer und Künstler*, Marburg 1930, S. 74.
[14] Zu Brahms' Arbeit an den Kammerduetten vgl. insbesondere Torsten Mario Augenstein: *„Schockweise Quint- und Oktavparallelen". Die Generalbass-Aussetzungen der italienischen Duette und Trios von Johannes Brahms für Friedrich Chrysanders Händel-Gesamtausgabe von 1870 und 1880*, in: Martin Skamletz/Michael Lehner/Stephen Zirwes (Hg.): *Musiktheorie im 19. Jahrhundert. 11. Jahreskongress der Gesellschaft der Musiktheorie in Bern 2011*, Bern 2017 (= Musikforschung der Hochschule der Künste Bern 7), S. 33–50.
[15] Zu Brahms' Einsatz für die Verbreitung der Werke alter Meister, insbesondere von Bach, vgl. u. a. Otto Biba: *Wirklich „exclusiv"? Zu den Bach-Aufführungen von Johannes Brahms im Wiener Kontext*, in: Wolfgang Sandberger (Hg.): *„Auf Bachs Wegen wandeln". Johann Sebastian Bach und Johannes Brahms. Katalog zur Ausstellung des Brahms-Instituts an der Musikhochschule Lübeck in Verbindung mit dem Archiv der Gesellschaft der Musikfreunde in Wien (5. Juli – 14. Dezember 2019)*, München 2019 (= Veröffentlichungen des Brahms-Instituts an der Musikhochschule Lübeck XII), S. 21–32. Biba weist hier darauf hin, dass in Wien, ganz im Gegenteil zu Brahms' Briefaussage an Richard von Perger, bereits in den 60er Jahren „eine Offenheit gegenüber Bach und eine Vertrautheit mit dessen Schaffen" vorgeherrscht habe. „Die Bach-Rezeption war 1862 bereits so eigenständig und dynamisch, dass die Gesellschaft der Musikfreunde in ihrer *Einladung zu den historischen Konzerten*, die in diesem Jahr erstmals veranstaltet wurden, konstatieren konnte, dass die Stellung Händels wie Bachs in der Kunstgeschichte ‚dem gebildeten Publikum dieser Konzerte' keiner ‚besonderen Erörterung' bedarf." (Ebd., S. 21).
[16] Hier zit. nach Johannes Forner: *Brahms auf Händels Spuren* (wie Anm. 10), S. 26.
[17] Vgl. dazu u. a. ebd., S. 25.

Die *Händel-Variationen* op. 24 gelten heute als das „Hauptwerk Brahmsscher Klaviermusik"[18], als „eines der großartigsten Klavierwerke des 19. Jahrhunderts"[19]. Entstanden sind sie in direkter zeitlicher Nähe zu einem anderen Variationenwerk, den *Variationen über ein Thema von Robert Schumann* op. 23 von 1861. Diese zweifache Annäherung in geringem zeitlichen Abstand an eine Gattung mit jeweils sehr unterschiedlichem Gestus sollte sich im Werk von Brahms noch mehrfach manifestieren – sei es etwa bei den bereits entstandenen zwei Serenaden, den Sinfonien, oder und vor allem öfters im Bereich der Kammermusik. Übrigens war Opus 23 durchaus nicht Brahms' erste Auseinandersetzung mit dem musikalischen Vorbild Schumann in Form von Variationen: Bereits 1854, also knapp ein Jahr nach dem einschneidenden Artikel „Neue Bahnen", komponierte Brahms ein erstes Variationenwerk auf der Grundlage eines Themas seines Propheten: Die *Variationen über ein Thema von Robert Schumann* op. 9. Führt man nun den Gedanken der doppelten Annäherung an die Gattung der Klaviervariation im Sinne von Schwesterwerken (Opus 23 und 24) weiter, so bleibt festzuhalten, dass Opus 23 in seiner Auseinandersetzung mit der Gegenwart und Schumann zugleich auch noch einmal kurz auf Opus 9 zurückblickt, bevor sich Brahms dann mit dem Schwesterwerk Opus 24 von der Gegenwart und Schumann löste.[20] Opus 24 ist somit eine erste konkrete Auseinandersetzung mit der Vergangenheit in Form einer Komposition, genauer mit dem großen „Altdeutschen" (Franz Brendel) Händel. Das scheint im Hinblick auf Brahms' Entwicklungspunkt in just diesem Zeitraum kein Zufall zu sein.

Dreh- und Angelpunkt zwischen dem bereits abgehandelten Einfluss Schumanns und dem eigentlichen Schöpfer des Themas, also Händel, scheint wenigstens auf den ersten Blick Beethoven gewesen zu sein: Brahms' direktes Vorbild für seine *Händel-Variationen* war wohl Beethovens eigene Auseinandersetzung mit der Vergangenheit, ganz konkret in den *Diabelli-Variationen* op. 122 von 1823 und den *c-Moll-Variationen* WoO 80[21] – schon Louis Ehlert wies darauf

---

[18] Max Kalbeck: *Brahms in Berlin*, in: *Drei Brahms-Abende, veranstaltet von der Deutschen Brahms-Gesellschaft und der Vereinigung der Brahms-Freunde. Philharmonie 5., 6., 7. Mai, 1917*, Berlin 1917. S. 3–16, hier S. 7.
[19] Siegmund-Schultze: *Händel und Brahms* (1983) (wie Anm. 5), S. 75.
[20] Vgl. dazu auch Christiane Wiesenfeldt: *Reihe – Prozess – Reflexivität. Perspektivwechsel in Brahms' Händel-Variationen op. 24*, in: *Göttinger Händel-Beiträge* 12, 2008, S. 235–255, hier insbesondere S. 238 f. Besonders hingewiesen sei an dieser Stelle auf Michael Strucks analytische Auseinandersetzung mit den Variationen, vgl. dazu ders.: *Dialog über die Variation – präzisiert. Joseph Joachims „Variationen über ein irisches Elfenlied" und Johannes Brahms' Variationenpaar op. 21 im Licht der gemeinsamen gattungstheoretischen Diskussion*, in: Peter Petersen (Hg.): *Musikkulturgeschichte. Festschrift für Constantin Floros*, Wiesbaden 1990, S. 105–154.
[21] Zu Beethovens Händel-Rezeption in den *Variationen* WoO 80 vgl. insbesondere Martin Staehelin: *Händel-Anlehnung und Eigenständigkeit bei Beethoven*, in: Nicole Ristow / Wolfgang

hin und wurde entsprechend auch von Kalbeck rezipiert.²² Beethoven selbst war ein enthusiastischer Verehrer Händels, wie Aussagen von ihm stichhaltig bezeugen: „Händel ist der größte Componist, der je gelebt hat. [...] Ich würde mein Haupt entblößen und auf seinem Grabe niederknien."²³ Und bei dem Empfang der Arnold'schen Händel-Gesamtausgabe im Jahre 1826 äußerte sich Beethoven wie folgt: „Schon lange hab ich sie mir gewünscht; denn Händel ist der größte, der tüchtigste Compositeur; von dem kann ich noch lernen."²⁴

Spätestens der Blick auf die später noch eingehend zu behandelnde Moscheles-Ausgabe der *Suite de Pièces pour le Clavecin* aus dem Besitz Johannes Brahms' könnte eine weitere mögliche Perspektive der Händel-Rezeptionslinie von Brahms eröffnen. So setzte sich Ignaz Moscheles (1794–1870) neben seiner editorischen Beschäftigung²⁵ auch kompositorisch mit Händel auseinander,²⁶ ebenfalls in Form von Variationen – und über ein *Aria*-Thema aus just jener Suitensammlung, die er später selbst edieren und aus der Brahms die Grundlage für sein Opus 24 hernehmen sollte. Konkret handelt es sich um Moscheles' *Variations pour le Pianoforte sur un Thême de Händel* op. 29 aus dem Jahr 1814, welche sieben Variationen über das *Aria*-Thema aus der *5. Suite* HWV 430 enthält.²⁷ Wie auch bei Brahms war hierfür Dreh- und Angelpunkt Ludwig van Beethoven: Kurz vor seiner Beschäftigung mit Händel Ignaz Moscheles dem „Beethoven-Fieber" erlegen: Im Klavierunterricht bei Franz Zahrádka (1763–1815) „versuchte sich der Siebenjährige an Beethovens *Pathétique*, das Beethoven-Fieber befiel ihn, es trieb ihn an"²⁸. In sein Tagebuch notierte Moscheles, dass er nach der *Pathétique* nun „auch die übrigen Hauptwerke des

---

Sandberger / Dorothea Schröder (Hg.): *„Critica musica". Studien zum 17. und 18. Jahrhundert. Festschrift Hans Joachim Marx zum 65. Geburtstag*, Stuttgart / Weimar 2001, S. 281–297, insbesondere S. 284 f.

²² Vgl. dazu Kalbeck: *Johannes Brahms* I/2 (wie Anm. 10), S. 461.

²³ Hier zit. nach Bernd Edelmann: *Der bürgerliche Händel. Deutsche Händel-Rezeption von 1800 bis 1850*, in: Ulrich Tadday (Hg.): *Händel unter Deutschen*, München 2006 (= Musik-Konzepte. Neue Folge 131), S. 23–52, hier S. 40.

²⁴ Alexander Wheelock Thayer: *Ludwig van Beethovens Leben*, Bd. 5, Leipzig 1908, S. 424, hier zit. nach ebd., S. 40.

²⁵ Moscheles in London bei Cramer erschienene Ausgabe der *Suite de Pièces pour le clavecin* blieb seine einzige editorische Auseinandersetzung mit dem Werk Händels.

²⁶ Besonders eingehend hat sich Werner Rackwitz mit der Bedeutung von Händels Musik im Schaffen von Ignaz Moscheles auseinandgesetzt: *Ignaz Moscheles – sein Verhältnis zur Musik Georg Friedrich Händels*, in: *Göttinger Händel-Beiträge* 13, 2012, S. 219–244.

²⁷ Vgl. dazu ebd., S. 222. Die *Händel-Variationen* von Moscheles sind in der Hofmann'schen *Bibliothek von Johannes Brahms. Bücher- und Musikalienverzeichnis*, Hamburg 1974 nicht aufgeführt. Kalbeck weist darauf hin, dass sich Brahms und Moscheles in Leipzig im Jahre 1853 persönlich kennenlernten (Kalbeck: *Johannes Brahms* I/1 (wie Anm. 10), S. 136) und sich später einige Male wieder trafen.

²⁸ Rackwitz: *Ignaz Moscheles* (wie Anm. 26), S. 222.

großen Meisters zu radbrechen"[29] gedenke. Erst nach dem dann erfolgenden eingehenden Studium von Mozart und Clementi spielte er schließlich „ein Jahr nur Bach"[30]: „Weber[31] soll nach den ausführlichen Mozart-Studien seines Schülers keine Bedenken getragen haben ‚dem ernsten Eifer seines Schülers Händel's und Seb. Bach's strengere Werke vorzulegen.'"[32]

Ganz ähnlich auch der Weg bei Brahms: Nach der Publikation von Schumanns Artikel „Neue Bahnen" in der *Neuen Zeitschrift für Musik* (1853) wurde dem einschüchternden Vorgänger Beethoven nun damit begegnet, dass Brahms sich der Musikgeschichte *vor* Beethoven autodidaktisch näherte. Im eingehenden Selbststudium, auch im brieflichen Austausch mit dem Freund Joseph Joachim (ab 1856), eignete sich der 20-jährige Brahms strategisch Satztechniken und Komponierweisen vor allen Dingen kontrapunktischer Art eines Heinrich Schütz', Johann Sebastian Bachs – aber eben auch Georg Friedrich Händels an. Insbesondere die 1860er Jahre waren dabei für Brahms „von Händel-Anregungen erfüllt".[33] Diese Herangehensweise scheint für Brahms und seine kompositorische Vergangenheitsbewältigung mehr als zentral gewesen zu sein. Der Weg aus der durch Schumanns „Neue Bahnen" initiierten Krise (und zugleich auch deren Bewältigung) fand – wie gezeigt – über die erwähnte doppelte Annäherung an die Gegenwart und Robert Schumann und der darauffolgenden Beschäftigung mit Beethoven, eventuell Moscheles und deren Vorgängern statt und gipfelt schließlich kompositorisch in den eigenen *Händel-Variationen* im Sinne eines Befreiungsschlages. „Produktiv verschränktes Gestern und Morgen"[34] nennt Peter Gülke diesen Aspekt bei Brahms' Vergangenheitsverarbeitung treffend. Brahms selbst sah seine *Händel-Variationen*, wie Christiane Wiesenfeldt gezeigt hat, als „krönenden Abschluss einer ganzen Kompositionsphase, der sie umgekehrt aber auch noch nicht entwachsen waren"[35]; so schrieb Brahms an Breitkopf & Härtel am 1. April 1862: „Später würden sie etwas einsam in die Welt gehen, da anderes für's erste noch nicht im Stande ist, sie zu begleiten".[36]

Von Schumann über Moscheles und Beethoven zu Händel – dieser hier kurz skizzierte, umgekehrt chronologische Weg des jungen Johannes Brahms hin zu seiner kompositorischen Meisterschaft manifestiert sich übrigens auch (und

---

[29] Ignaz Moscheles: *Tagebuch*, Bd. I, S. 7, hier zit. nach ebd.
[30] Rackwitz: *Ignaz Moscheles* (wie Anm. 26), S. 222.
[31] Gemeint ist hier der Lehrer von Ignaz Moscheles, Friedrich Dionys Weber (1766–1842), der den 10-Jährigen während drei Jahren unterrichtete. Vgl. ebd., S. 222.
[32] Ebd.
[33] Siegmund-Schultze: *Händel und Brahms* (1993) (wie Anm. 5), S. 131.
[34] So der Titel seines Beitrages in: Sandberger: *Brahms Handbuch* (wie Anm. 1), S. 154.
[35] Wiesenfeldt: *Reihe – Prozess – Reflexivität* (wie Anm. 20), S. 237.
[36] Brief von Johannes Brahms an Breitkopf & Härtel, 1. April 1862, in: *Brahms-Briefwechsel XIV*, S. 65, hier zit. nach ebd., S. 237.

damit kehren wir zurück zur ikonografischen Einordnung) in seiner späteren Wiener Wohnung an der Karlsgasse 4:[37] Drei der vier Komponisten wurden hier in Form von bildnerischer Kunst Teil der Wohnungseinrichtung – ein Doppelporträt von Clara und Robert Schumann als Hochrelief in Medaillonform (1846, Ernst Rietschel), dann die berühmte Beethoven-Büste an der Wand hinter dem Flügel im Studierzimmer von Brahms und schließlich eben auch ein Porträt von Händel (einmal ohne Perücke), genauer ein Schabkunstblatt nach dem Gemälde von Bartholomew Dandridge (1825).

III. Alte Meister und Brahms' Tätigkeit als Klavierlehrer ab Ende der 1850er Jahre

Genau in den Zeitraum von Brahms' autodidaktischer Auseinandersetzung mit den ‚Altmeistern' wie Händel fällt auch seine hamburgische Tätigkeit als Klavierlehrer. Zu den Lehrtätigkeiten von Johannes Brahms, insbesondere zu seinem Unterrichten junger Frauen, ist verhältnismäßig wenig bekannt. Zwar berichtet bereits die frühe Brahms-Biografik und in der Folge auch Kalbeck in seiner monumentalen Brahms-Biografie vereinzelt davon, doch die meisten Auseinandersetzungen mit Brahms als Lehrer betreffen vor allen Dingen Förderung, Beratung und Belehrung insbesondere männlicher Schüler in Sachen Komposition – eine eingehende Beschäftigung mit Brahms als Klavierlehrer fehlt bisher weitgehend.[38] Für unseren Blickpunkt auf Brahms' frühe Lehrtätigkeit in Hamburg sollen kurz die Eckdaten festgehalten werden: Nach Robert Schumanns Tod im Jahre 1856 kehrte Johannes Brahms vorerst nach Hamburg zurück, bevor er sich 1862 nach Wien begab. Während dieser Zeit scheint er seinen Unterhalt vor allem als Klavierlehrer verdient zu haben, wird auch unter dem Begriff „Musiklehrer" im Hamburgischen Adressbuch (1859) geführt.[39]

---

[37] Vgl. dazu u. a. Wolfgang Sandberger: *Das Musikzimmer von Johannes Brahms*, in: ders. / Stefan Weymar (Hg.): *Johannes Brahms. Ikone der bürgerlichen Lebenswelt. Katalog zur Ausstellung des Brahms-Instituts an der Musikhochschule Lübeck (7. Mai – 30. August 2008)*, Lübeck 2008 (= Veröffentlichungen des Brahms-Instituts an der Musikhochschule Lübeck IV), S. 24.

[38] Die nach wie vor eingehendste und umfassendste Untersuchung zu Brahms als (Kompositions-)Lehrer ist die Dissertation von Johannes Behr: *Johannes Brahms – Vom Ratgeber zum Kompositionslehrer. Eine Untersuchung in Fallstudien*, Kassel u. a. 2007 (= Schweizer Beiträge zur Musikforschung 6). Während in dieser Publikation die Auseinandersetzung mit Brahms als Lehrer von jungen Frauen weitgehend fehlt, schließt Behr diese dann in seinem Artikel *Brahms als Lehrer und Gutachter* (Sandberger: *Brahms Handbuch* (wie Anm. 1), S. 87–92) mit ein.

[39] Vgl. dazu Behr: *Brahms als Lehrer und Gutachter* (wie Anm. 38), S. 88.

Vor dem oben eröffneten Kontext des Studiums alter Meister überrascht es kaum, dass Brahms die von ihm empfundene Dringlichkeit der Auseinandersetzung mit der Vergangenheit für den eigenen Entwicklungsweg auch in seine didaktische Tätigkeit mit einfließen ließ. Hier konnte er sich auf eigene Erfahrungen als ehemaliger Schüler von Cossel und Marxsen berufen: So ist belegt, dass der junge Brahms bei seinem ersten Klavierlehrer Otto Friedrich Willibald Cossel (der wiederum selbst ein Schüler Marxsens war) auch Werke der alten Meister kennen- und schätzen gelernt hat. In der Sammlung des Brahms-Instituts an der Musikhochschule Lübeck befindet sich beispielsweise auch eine von Cossel um 1841 angefertigte Abschrift der Bach'schen *Fuga 4* aus dem *Wohltemperirten Clavier*, Teil I, BWV 849, die zahlreiche mit Bleistift eingetragene Fingersätze aufweist; dass diese Fingersätze vom damals 8-jährigen Klavierschüler Brahms stammen, lässt sich natürlich nicht vollends beweisen (Abbildung 1).[40]

In seiner Heimatstadt Hamburg lernte der junge Brahms darüber hinaus auch in den privaten Bibliotheken etwa von Georg Dietrich Otten und Theodor Avé-Lallemant die Musik alter Meister, insbesondere der Bach-Söhne, kennen.[41] Georg Dietrich Otten war es denn auch, der eine zentrale Vermittlerposition in der Beziehung zwischen Brahms und seiner Schülerin Friederike Wagner, einer Cousine Ottens,[42] einnehmen sollte (siehe unten). Versucht man nun Händel in der Unterrichtsliteratur des Klavierlehrers Brahms nachzugehen, so könnte auch hier (freilich neben Cossel und Marxsen) wiederum Schumann einen wichtigen Impuls gegeben haben. So weist etwa Bernd Edelmann darauf hin, dass Händel im Klavierunterricht Schumanns eine wichtige Rolle gespielt hat: „Für seine älteste Tochter Marie stellte Schumann einen kleinen *Lehrgang durch die Musikgeschichte* zusammen, den er allerdings nicht in die spätere Druckausgabe des *Albums für die Jugend* aufnahm. Der Lehrgang beginnt mit einem Thema von Georg Friedrich Händel, der *Air con Variazioni* aus der *Suite Nr. 5*, E-Dur (HWV 430), die als *Grobschmied-Variationen* bekannt geworden sind"[43] – also just das *Aria*-Thema, das Ignaz Moscheles für seine *Händel-Variationen* verwendete. Ob Zufall oder nicht – die Tatsache, dass Brahms später ausgerechnet ebenfalls eine Händel'sche *Aria* (HWV 434) als Grundlage seines Opus 24 wählt *und* Händel Grundlage seines Klavierunterrichts – wie gleich noch eingehend behandelt werden wird – wurde, soll doch betont werden.

---

[40] Vgl. dazu u. a. Sandberger (Hg.): „*Auf Bachs Wegen wandeln*" (wie Anm. 15), S. 34 f.
[41] Vgl. ebd., S. 34.
[42] Vgl. dazu Peter Clive: *Brahms and his World. A Biographical Dictionary*, Lanham u. a. 2006, S. 481.
[43] Edelmann: *Der bürgerliche Händel* (wie Anm. 23), S. 9.

Abb. 1: J. S. Bach: *Fuga 4* aus dem *Wohltemperirten Clavier*, Teil I, BWV 849, Abschrift von Otto Cossel um 1841, mit eigenhändigen Fingersätzen in Bleistift (evtl. vom jungen Brahms), Brahms-Institut an der Musikhochschule Lübeck, Inv.-Nr.: ABH 1.7.8.14

IV. Johannes Brahms und Friederike Wagner

Die wohl bekannteste von Brahms' Schülerinnen war Friederike Wagner, genannt Friedchen, 1831 geboren und spätere Sauermann (1869). Sie war die älteste von drei Töchtern des Hamburger Auktionärs Hermann Wagner und erhielt ersten musikalischen Unterricht von ihrem Cousin, dem bereits erwähnten Georg Dietrich Otten, sowie dem ebenfalls bereits kurz gestreiften Theodor Avé-Lallemant.[44] Nach Sophie Drinkers Darstellung *Brahms and His Women's Choruses* aus dem Jahre 1952 hat Friederike Wagner während einer Klavierstunde im Hause Otten Johannes Brahms im Jahre 1855 zum ersten Mal persönlich getroffen und den jungen Komponisten wohl sogleich um Unter-

---

[44] Kalbeck führt die Familie Wagner und insbesondere die älteste Tochter wie folgt in seiner Brahms-Biografie ein: „Die Wintermonate des neuen Jahres (1858) verlebte Brahms bei den Seinigen und im Verkehr mit musikalischen Freunden und Kollegen. Am häufigsten besuchte er das gastfreie Haus Avé Lallements und das ihm besonders sympathische Heim der Familie Grädener. Auch bei Herrn Auktionarius Wagner in der Pastorenstraße, dessen älteste Tochter ‚Friedchen' zeitweilig seine Schülerin war, erschien er als gerngesehener Gast." Kalbeck: *Johannes Brahms* I/2 (wie Anm. 10), S. 325 f.

richt bei ihm gebeten – einer Bitte, der Brahms bereitwillig nachkam. Ab 1855 (oder gemäß Kalbeck ab 1858) bis in die frühen 1860er Jahre unterrichtete er die älteste der Wagner-Töchter – wenigstens wann immer er in Hamburg war.[45] Kalbeck relativiert an dieser Stelle die Darstellung Walter Hübbes[46], der aufgrund persönlicher Ergebenheit gegenüber der Familie, insbesondere gegenüber Friederike, – so der Brahms-Biograf – der Familie Wagner eine Schlüsselrolle bei der Entstehung des Hamburger Frauenchors zugesprochen habe und den Startpunkt der Beziehung Familie Wagner – Johannes Brahms deshalb möglichst früh ansetze (Abbildung 2):

„Er möchte die Gründung des Hamburger Frauenchors gern zu einer engeren Familienangelegenheit machen und das Verdienst, Brahms zur Chorkomposition angeregt zu haben, den drei ihm verschwägerten Töchtern des oben erwähnten Auktionarius Wagner zuschanzen, deren eine, ‚Friedchen' genannt (später Frau Sauermann), eine Schülerin von Brahms und Hübbes Klavierlehrerin war. Darum bemühte er sich, eine besondere ‚Hamburger Zeit' für Brahms zu konstruieren und läßt diese möglichst früh beginnen."[47]

Kalbecks Darstellung lässt sich jedoch widerlegen: Sicher wissen wir, dass Brahms zu Friederike Wagner eine ganz besondere Beziehung hatte, wohl auch aufgrund ihres gemeinsamen Projektes des Hamburger Damenchors, der im Jahre 1859 aus dem Vokaltrio der drei Wagner-Töchter entstanden sein soll. Brahms habe – so überliefert Wagner es selbst –, für sie und ihre Schwestern einige Volkslieder komponiert; der Startpunkt für 3- und 5-stimmige Vokalkompositionen aus der Feder Brahms' für den Damenchor scheint damit gesetzt geworden zu sein. Auch fanden die ersten Proben des Hamburger Damenchors nicht zufällig im Hause Wagner statt, die allererste am 6. Juni 1859.[48] Den stichhaltigsten Beleg aber liefert Brahms selbst in einem Brief an Clara Schumann vom 3. Juli, der also just einen Monat nach dieser ersten Probe aufgesetzt wurde: Nicht nur empfiehlt er darin Clara, Wagner, seine „liebste Schülerin", zu treffen, sondern er weist ihr gleich selbst die Schlüsselrolle bei der Gründung des Hamburger Damenchors zu:

„Meine liebste Schülerin, Frl. Wagner von hier, ist jetzt da[49]. Du hast sie früher schon gesehen und wenn Du irgend magst, solltest Du sie doch dort sehen. Sie ist

---

[45] Vgl. Clive: *Brahms and his World* (wie Anm. 42), S. 481.
[46] Gemeint ist hier Hübbes Darstellung in *Brahms in Hamburg*, Hamburg 1902.
[47] Vgl. Kalbeck: *Johannes Brahms* I/2 (wie Anm. 10), S. 358.
[48] Vgl. Clive: *Brahms and his World* (wie Anm. 42), S. 481.
[49] Mit der doch eher ungenauen Ortsbezeichnung „da" war wohl Wildbad gemeint, wo sich Friederike Wagner und Clara trafen; so schreibt Clara Schumann aus Wildbad am 5. August 1859 an Brahms: „Tausend Dank, lieber Johannes, für die Briefe und Sendung, welche letztere

Abb. 2: Friederike Wagner, Fotografie im Visitformat, Hamburg, Brahms-Institut an der Musikhochschule Lübeck, Inv.-Nr.: ABH 1.7.4.236

ein äußerst liebenswürdiges, bescheidenes und musikalisches Mädchen und muß Dir jedenfalls sehr gefallen. Sie hat manchmal äußerlich eine gelinde Kälte, durch die man aber leicht sieht. Sie ist die Hauptbegründerin meines Vereins hier, und wir singen in ihrem Hause."[50]

Clara erwiderte prompt im Antwortbrief vom 16. Juli: „Frl. Wagner dort zu finden freut mich".[51] Tatsächlich sollte der Kontakt zwischen Friederike Wagner

---

aber 8 Tage gegangen, so daß ich die Serenade nicht mehr mit Frl. Wagner spielen konnte, da sie abreiste." Zit. nach *Clara Schumann – Johannes Brahms. Briefe aus den Jahren 1853–1896*, im Auftrage von Marie Schumann, hg. von Berthold Litzmann, Bd. 1, Leipzig 1927, S. 270.

[50] Zit. nach ebd., S. 264.
[51] Brief von Clara Schumann an Johannes Brahms, Kreuznach, den 16. Juli 1859, hier zit. nach ebd., S. 266.

und Clara Schumann sich nach diesem Brief intensivieren, und das nicht nur im Rahmen des Wagner'schen Hauskonzertes im November 1861, bei dem Clara Schumann gemeinsam mit Brahms dessen Bearbeitung für Klavier zu vier Händen seiner *Serenade* op. 11 sowie – und da begegnen wir dem Werk erneut – seine *Händel-Variationen* erstmals vor einem Privatkreis spielte. Auch in den Folgejahren war Clara Schumann während ihrer Hamburger Aufenthalte mehrmals Gast im Hause Wagner[52]; sie und Brahms tauschten sich in ihrer Korrespondenz regelmäßig[53] zu Neuigkeiten rund um Wagner aus.[54] Besonders eng scheint die Beziehung zwischen ihr und Clara Schumanns Tochter Marie gewesen zu sein, so berichtet Clara aus Wildbad am 5. August 1859:

> „Frl. Wagner sah ich öfter, noch mehr aber war Marie mit ihr zusammen; sie gingen häufig zusammen und suchten Heidelbeeren. […] Sie ist […] ein sehr gebildetes Mädchen, und der Vater ein recht gemütlicher Mann. […] Daß sie mir einmal etwas vorspielte, schrieb ich Dir wohl? Sie erzählte mir von den schönen Marienliedern von Dir – was für Texte sind es?"[55]

Bei diesem Wildbader Zusammentreffen und noch vor dem Brief an Brahms überreichte Clara Schumann der jungen Bewunderin auch ein Albumblatt („Wildbad d. 1 Aug 1859. Fräulein Friedchen Wagner zur Erinnerung"), das heute Teil der Sammlung des Brahms-Instituts an der Musikhochschule Lübeck ist (Abbildung 3).[56]

Wagner – um noch einmal auf den hohen Stellenwert des Studiums der alten Meister bei Brahms zurückzukommen – berichtet gemäß Clive in ihren Memoiren selbst davon. Insbesondere die Werke von Bach scheinen in ihrem Unterricht bei Johannes Brahms eine gewichtige Rolle gespielt zu haben.[57] Im Jahre 1860, sprich nur ein Jahr vor seinen (wenigstens im Autograf noch) Clara Schumann(!) gewidmeten *Händel-Variationen*,[58] schenkte Brahms ihr, seiner „lieben Schüle-

---

[52] So etwa im November 1873: Clara Schumann schreibt am 24. aus Hamburg an Brahms: „Ich wohne hier bei Friedchen, sehr behaglich, besonders auch im Anblick ihres gänzlich befriedigten Wirkungskreises höchst angenehm berührt. Es gibt doch nichts Erquickenderes, als glückliche Menschen sehen!" Zit. nach ebd., Bd. 2, S. 30 f.
[53] In der Litzmann'schen Ausgabe der Briefe zwischen Clara Schumann und Johannes Brahms werden im Namensregister ganze 28 Erwähnungen von Friederike Sauermann, geb. Wagner gelistet.
[54] Vgl. dazu Clive: *Brahms and his World* (wie Anm. 42), S. 481.
[55] Brief von Clara Schumann an Johannes Brahms, Wildbad, 5. August 1859; zit. nach Litzmann I (wie Anm. 49), S. 271.
[56] Inv. Nr.: ABH 5.1.3, Signatur: Schum-2 : A2 : 1.
[57] Vgl. dazu Clive: *Brahms and his World* (wie Anm. 42), S. 481.
[58] Johannes Brahms schrieb am 11. Oktober 1861 an Clara Schumann: „Ich habe Dir Variationen zu Deinem Geburtstag gemacht, die Du noch immer nicht gehört hast, und die Du schon längst hättest einüben sollen für Deine Konzerte." Zit. nach Litzmann I (wie Anm. 49), S. 381.

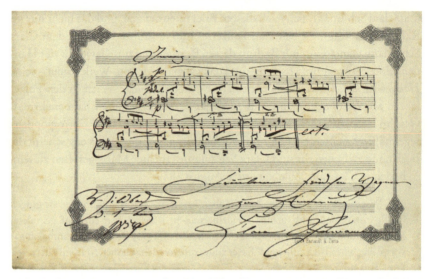

Abb. 3: Clara Schumann: eigenhändiges Albumblatt für Friederike Wagner, Wildbad 1. August 1859, Brahms-Institut an der Musikhochschule Lübeck, Inv.-Nr.: ABH 5.1.3, Signatur: Schum-2 : A2 : 1

rin" dann das bereits erwähnte Exemplar der Moscheles-Ausgabe von Händels *Suites de Pièces pour le Clavecin* aus dem Londoner Verlag Cramer, welche die Werknummern HWV 434 bis 442 umfasst: Darin enthalten auch die *Suite Nr. 1 in B-Dur* HWV 434 (*Aria con varazioni*), deren achttaktiges *Aria*-Thema nicht nur Händel selbst also zu einem Variationenwerk verarbeitete, sondern das eben auch zur Grundlage von Brahms' *Händel-Variationen* op. 24 werden sollte.

Siegmund-Schultze hält fest, dass Brahms bei der Ausarbeitung seines Opus 24 aber nicht diese Londoner Moscheles-Ausgabe zur Vorlage nahm, sondern die jüngere Chrysanders: „Er nimmt die Fassung der damals gerade erschienenen Chrysander-Ausgabe, wie sie sich in der *Hallischen Händel-Ausgabe* (IV/5) (HWV 434) befindet, und ändert keinen Ton."[59] Ganz anders sieht das Forner, der die alte Londoner John Walsh-Ausgabe als Ideenmaterial

---

Das Autograf trägt die Widmung „Variationen für eine liebe Freundin", diese fehlt dann im 1862 bei Breitkopf & Härtel erschienen Druck jedoch. Vgl. dazu u. a. Forner: *Brahms auf Händels Spuren* (wie Anm. 10), S. 27.

[59] Siegmund-Schultze: *Händel und Brahms* (1993) (wie Anm. 5), S. 131. Beim direkten Vergleich der Moscheles- und der Chrysander-Ausgabe zeigt sich jedoch unmittelbar, dass Brahms das Thema aus beiden hätte nehmen können – das *Aria*-Thema ist (freilich naturgemäß) in beiden Drucken identisch.

von Brahms zu identifizieren sucht: „Brahms fand das Händel'sche Thema in einem antiquarisch erworbenen englischen Notendruck *Suites et Pièces pour le Clavecin* (HWV 434) von 1733"[60]. Auch Max Kalbeck überliefert: „Brahms fand das massive, wie aus Marmor gemeißelte Thema [...] in der Originalausgabe von John Walsh, der sie unter dem französischen Titel ‚Suites de Pièces pour le clavecin' hinter dem Rücken Händels zu London erscheinen ließ."[61] Bemerkenswert ist die dazugehörige Fußnote Kalbecks diese Walsh-Ausgabe betreffend: Brahms habe sein Exemplar Nottebohm übergeben und es nach dessen Tod wieder an sich genommen, bevor er es dann dem Verfasser, sprich Max Kalbeck, zum Geschenk machte. Somit hat Brahms zeitweilig mindestens drei Händel-Ausgaben der *Suiten* besessen: Diejenige von John Walsh, die Moscheles-Edition und die spätere Chrysanders.[62] Für unseren Blickwinkel bleibt festzuhalten, dass der die *Suite* enthaltende Band II von Chrysanders Händel-Ausgabe tatsächlich kurz vor der Komposition der *Händel-Variationen* erschienen ist[63], Brahms jedoch das Thema folglich mit Sicherheit schon früher kannte. Ein philologischer Beweis liefert hier die vorliegende Quelle mit der von Brahms eingetragenen Widmung und Datierung auf der ersten Seite: „*Fräulein Friedchen Wagner, der lieben Schülerin. 1860. Johs. Brahms*" (Abbildungen 4, 5).

Spätestens mit Friederike Wagner wissen wir, dass sich die Ausgabe wohl mehrere Jahre in Brahms' Besitz befunden und er diese auch eingehend in und sicherlich auch noch nach seinem Klavierunterricht bei Cossel und Marxsen studiert hat. So hält Wagner selbst auf der gegenüberliegenden Seite, sprich der Innenseite des Umschlags, fest:

„Aus diesem Buch was ich als Geschenk
von m.[einem] lieben Lehrer Johannes Brahms
erhalten habe, hat derselbe viel
studirt bei s.[einem] damaligen Lehrer H. Kossel,
auf Seite 42 viele Bezeichnungen selbst
hineinbemerkt."[64]

---

[60] Forner: *Brahms auf Händels Spuren* (wie Anm. 10), S. 27. Leider fehlt hier ein Nachweis, mithilfe dessen sich diese Aussage nachverfolgen ließe. Dieser findet sich u. a. bei Kalbeck (vgl. Anm. 60).
[61] Kalbeck: *Johannes Brahms* I/2 (wie Anm. 10), S. 461. Vgl. hierzu auch Wiesenfeldt: *Reihe – Prozess – Reflexivität* (wie Anm. 20), S. 242, FN 30.
[62] Bei Hofmann (*Bibliothek von Johannes Brahms*, wie Anm. 27), S. 153) ist in der Konsequenz nur die Chrysander'sche Gesamtausgabe der Werke Händels verzeichnet.
[63] Vgl. dazu auch Katrin Eich: *Die Klavierwerke. Variationen und Fuge über ein Thema von Händel B-Dur op. 24*, in: Sandberger: *Brahms Handbuch* (wie Anm. 1), S. 352f, hier S. 352.
[64] Bei der Transkription wurde die Verfasserin von Stefan Weymar und Volker Schmitz unterstützt, denen herzlich gedankt sei.

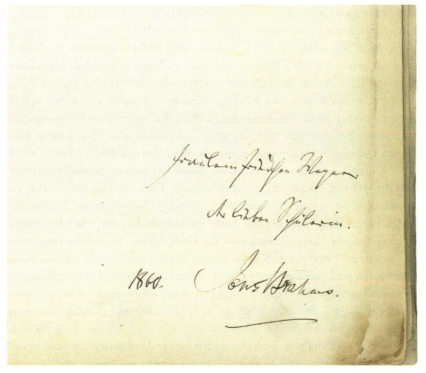

Abb. 4: Moscheles-Ausgabe der Händel'schen *Suites de Pièces pour le Clavecin* HWV 434–442, London (Cramer) mit eigenhändiger Widmung an Friederike Wagner (1860), Brahms-Institut an der Musikhochschule Lübeck, Inv.-Nr.: 2015.116

Eine ganz ähnliche Notiz findet sich ganz hinten auf der letzten Seite:

> „Dieses Buch schenkte mir mein verehrter Lehrer
> Herr Johannes Brahms; er hat es selbst viel
> in seiner Jugend benutzt, und manche Notizen
> finden sich in den Seiten von ihm."

Leider fehlt an beiden Stellen eine Datierung; sicher scheint jedoch, vor allem aufgrund des Schriftbildes, dass der nächste Zusatz bei der erstgenannten Eintragung erst etliche Jahre später dazukam:

> „Meinem lieben
> Kurt geschenkt
> nach meinem Tode
> d.[en] 20ten September: von seiner
>   Mutter ihm
>   geschenkt."

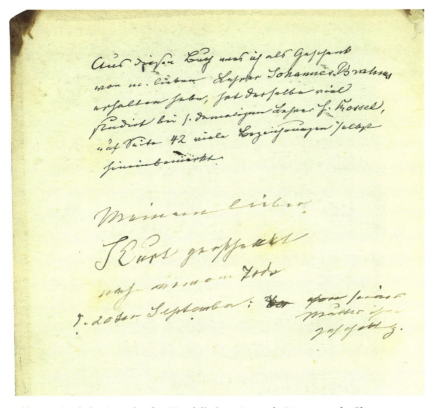

Abb. 5: Moscheles-Ausgabe der Händel'schen *Suites de Pièces pour le Clavecin* HWV 434–442, London (Cramer) mit eigenhändigen Eintragungen von Friederike Wagner, Brahms-Institut an der Musikhochschule Lübeck, Inv.-Nr.: 2015.116

Besonders verwirrend sind die unterschiedlichen Namen, mit denen Wagners Ehemann in der Brahms-Forschung geführt wird: Gemäß u. a. Clive hieß dieser Kurt Sauermann,[65] wäre also somit der Empfänger des Geschenks gewesen. Recherchen zeigten jedoch, dass Wagners Ehemann wohl Georg hieß und aus der Ehe der beiden ein Sohn namens Kurt hervorging[66]: Die hier vorliegende Quelle scheint dies noch zusätzlich zu unterstützen, zumal der Ehemann Friederike Wagners wohl vor seiner Gattin verstorben ist. Somit wären Clive und alle ihm folgenden Ausführungen dahingehend zu korrigieren.

---

[65] Vgl. dazu Clive: *Brahms and his World* (wie Anm. 42), S. 481.
[66] So u. a. im Schumann-Portal https://www.portraits.schumann-portal.de/Suchen.html?ID=483 &CMD=sbb&PA=S&PsID=475 (eingesehen am 01.10.2020).

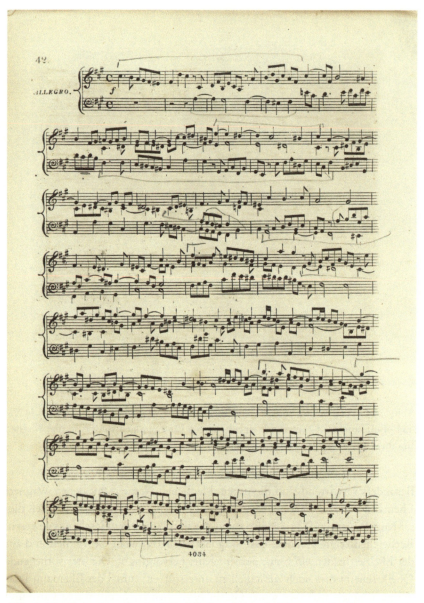

Abb. 6: Moscheles-Ausgabe der Händel'schen *Suites de Pièces pour le Clavecin* HWV 434–442, London (Cramer), Seite 42, mit eigenhändigen Eintragungen in Bleistift von Johannes Brahms, Brahms-Institut an der Musikhochschule Lübeck, Inv.-Nr.: 2015.116

Wagners Hinweis auf Brahms' eigenhändige Eintragungen in dieser Moscheles-Ausgabe auf Seite 42 (wobei hier vorerst noch nicht ganz klar wird, auf welchen der beiden unabhängig paginierten Teilbände sich ihre schriftliche Aussage bezieht) könnte auf den Unterrichtskontext deuten: Gut möglich, dass Brahms ihr den Band bei einer ihrer Klavierstunden schenkte und – während gleichzeitigem Vortrag oder einer Erklärung – seinen Darstellungen mit Bleistifteintragungen in den Band Deutlichkeit verlieh. So wäre jedenfalls Wagners oben gezeigte Niederschrift am ehesten nachzuvollziehen. Auch ihr konkreter Hinweis auf die Seite 42 scheint dies zu untermauern – sie war wohl selbst dabei, als diese Eintragungen entstanden sind, zumal der Band etliche weitere Eintragungen enthält, auf die sie nicht weiter eingeht. Diese reichen von zahlreichen Fingersätzen (ganz ähnlich also wie in der oben gezeigten Quelle aus dem Kontext des Cossel'schen Unterrichts) und Korrekturen von falschen Vorzeichen, über Dynamik- und Agogikanmerkungen, bis hin zu konkreten Spielanweisungen (wie etwa „zart" zu Beginn des *Adagios* der *Suite seconde* in Teil 1, S. 7). Die von Wagner erwähnte Seite 42 zeigt in Teil 1 das *Allegro* aus der *Suite sixième* in f-Moll, einer Fuge, und weist tatsächlich einige Eintragungen auf, die auf eine Unterrichtseinheit zur Fugentheorie hindeuten könnten. Entspricht Wagners oben gezeigte Aussage einer konkreten Erinnerung, so könnte Brahms ihr hier mit Bleistift jeweils Dux und Comes markiert haben. Und spinnt man den Gedanken weiter, so wäre dieses Händel'sche *Allegro* in Brahms' Augen eine absolute Fuge nach Lehrbuch und somit perfekt für den anschaulichen Unterricht gewesen. Der Blick auf die zweite Seite 42, sprich in Teil 2, wiederum zeigt nur zwei feinste „*p*"-Eintragungen; eher unwahrscheinlich also, dass Wagner diese Seite gemeint haben könnte (Abbildung 6).

Ob sich nun diese hier nachskizzierte Unterrichtseinheit zur Fugentheorie tatsächlich so abgespielt hat oder nicht – sicher bleibt, dass Brahms Händel und den anderen Großmeistern der „Dauerhaften Musik" in seinem Unterricht einen hohen Stellenwert zugestand. Wagner, die nach ihrem Unterricht bei Brahms (und später übrigens auch bei Clara Schumann) selbst Klavierlehrerin werden sollte, hat dann mit großer Sicherheit auch ihrerseits den pianistischen Nachwuchs auf den hohen Stellenwert der Kenntnis der alten Meister hingewiesen – ganz im Sinne Brahms' und des Schumann'schen Diktums in den *Musikalischen Haus- und Lebensregeln*: „Glaube nicht, daß die alte Musik veraltet sei. Wie ein schönes wahres Wort nie veralten kann, ebensowenig eine schöne wahre Musik."

Jenseits des Crystal Palace
Arthur James Balfour und die (zweite) *Handel Society*

David Reißfelder (Zürich)

Die unangefochtene Vormachtstellung Georg Friedrich Händels in der musikalischen Vorstellungswelt der meisten Engländer geriet erst gegen Ende des 19. Jahrhunderts ins Wanken. In Fortführung der kanonischen Etablierung als ‚Klassiker' im späten 18. Jahrhundert hatte er lange als der viktorianische Nationalkomponist gelten können, dessen bekannteste englische Oratorien wie *Messiah* und *Israel in Egypt* nicht nur im Zentrum der ab 1857 meist dreijährlichen Händel-Festivals im Crystal Palace bei London standen, sondern auch von Amateur-Chorvereinigungen im ganzen Land gepflegt wurden. Abbildungen von den bis zu viertausend Mitwirkenden und täglich mehr als zwanzigtausend Zuhörern (1883) in dem riesigen Gebäude repräsentieren eine Verschmelzung des mehr als hundert Jahre alten Repertoires mit den sozialen Konstellationen der modernen Industriegesellschaft. Auch wenn die rituelhaften Aufführungen höheren musikalischen Standards kaum genügen konnten, überdauerte das Händel-Festival den tiefgreifenden Wandel des Londoner Konzertlebens, sinkende Besucherzahlen sowie die Zäsur des Ersten Weltkriegs und wurde erst 1926 zum letzten Mal veranstaltet, zehn Jahre bevor ein Feuer den Crystal Palace zerstörte.[1]

Diese einhellig akzeptierte Form der Händel-Pflege und das Bild des Komponisten, das mit ihr einherging, begannen erst ab etwa 1880 einige skeptische Stimmen wahrnehmbar zu hinterfragen. Anlässlich der Wiederaufnahme des Festivals 1920 musste Henry Davey konstatieren, dass Händels Musik seit den vorangegangenen Jahrzehnten auf dem Kontinent längst auf einer breiteren Ebene und in vielfältiger Weise erschlossen wurde als in seiner angenommenen Heimat England. Junge englische Musiker hätten der Überzeugung angehangen, dass die Ablehnung Händels ihren fortgeschrittenen Geschmack bezeuge.[2] Auch George Bernard Shaw, der sich 1891 noch als uneingeschränkter

---

[1] Von den zahlreichen Veröffentlichungen zu Händel im Crystal Palace vgl. zuletzt Natasha Loges: *Händels Musik und Programmgestaltung in Londons Kristallpalast, 1859–1874*, in: *Göttinger Händel-Beiträge* 20, 2019, S. 61–76. Zur identitätspolitischen Rolle Händels im späten 19. Jahrhundert vgl. Matthew Gardner: *‚Das Land ohne Musik'? National Musical Identity in Victorian and Edwardian England*, in: ders./ Hanna Walsdorf (Hg.): *Musik – Politik – Identität. 15. Internationaler Kongress der Gesellschaft für Musikforschung, freie Referate*, Bd. 3, Göttingen 2016, S. 131–148, hier S. 136–138.

[2] Henry Davey: *Handel*, in: *The Musical Herald* 867, 1. Juni 1920, S. 247–250.

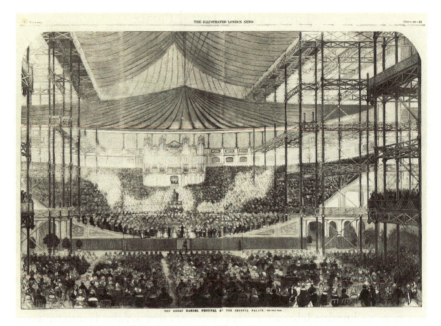

Abb. 1: Händel-Festival im Londoner Crystal Palace, Stahlstich aus: *The Illustrated London News*, 20. Juli 1859

Unterstützer des Festivals bekannt hatte,[3] erklärte bei einem kurzen Vortrag in Paris 1913, dass er Oratorienaufführungen mit mehr als achtzig Mitwirkenden gesetzlich verbieten würde; die Franzosen – ohne Festivalchöre (deren Effekt sei „horrible; and everybody declares it sublime") – seien sicherlich bessere „Handelians" als die Engländer.[4]

Verknüpft war diese Akzentverschiebung mit einem neuen Narrativ der nationalen Musikgeschichte, das Händels Einfluss und Dominanz über den musikalischen Geschmack der Viktorianer für die schwach ausgebildete englische

---

[3] „Fundamentally my view of the Handel Festival is that of a convinced and ardent admirer of Handel." *The World*, 1. Juli 1891, zit. nach George Bernard Shaw: *Music in London 1890–94, Vol. I*, London 1932, S. 219.

[4] „It [Handel's music] lies dead under the weight of his huge reputation, and the silly notion that big music requires big bands and choruses." George Bernard Shaw: *Causerie on Handel in England*, zit. nach Dan H. Laurence (Hg.): *Shaw's Music. The Complete Musical Criticism in Three Volumes, Vol. III*, London 1981, S. 641. Louis Laloy las Shaws Text in französischer Übersetzung, die zuerst erschien als *Haendel et l'Angleterre*, in: *Revue musicale S.I.M.* 9/4, April 1913, S. 1–4. Gleichzeitig war Shaw jedoch kein Anhänger einer ‚historisch informierten' Aufführungspraxis, denn wie er später in einem Leserbrief ausführte, hätte Händel sicher Gebrauch von modernen Instrumenten wie der Kinoorgel gemacht. G. Bernard Shaw: *„Handel's Messiah". Performances „As He Wrote It"*, in: *The Times*, 14. Oktober 1941, S. 9.

Kompositionstradition verantwortlich machte. Noch 1929 klagte der Komponist Thomas F. Dunhill unversöhnlich an:

> „[Handel, the Saxon,] came to these shores in 1710 from Hanover on a visit, but remained as a conqueror, holding English musicians in thrall, and taking not only our English gold, but the musical taste and education of the country into his own hands. This was a real tragedy from the national point of view, for the tremendous musical force of Handel was undoubtedly responsible for deadening the creative genius of England for at least a century and a half."[5]

Zuerst hatten Kritiker und Musikschriftsteller wie John Alexander Fuller Maitland, William Henry Hadow und Ernest Walker argumentiert, dass Händel mitverantwortlich für die Phase des Niedergangs der englischen Musik wäre, die ab Mitte des 19. Jahrhunderts von einer „Renaissance" abgelöst worden sei.[6] Händel personifizierte die von provinziellen Chorfestivals geprägte Musikkultur mit ihrer obsessiven Betonung einer ethisch-erbaulichen Rolle von Musik,[7] die es (durch eine Orientierung an neuen, progressiven Vorbildern wie Johannes Brahms) zu überwinden galt. Mit den Kratzern an Händels Denkmal einer ging eine wachsende Wertschätzung für Johann Sebastian Bach, der von manchen Autoren als Gegenentwurf zu Händel aufgebaut wurde, und für englische Komponisten der Tudor-Zeit sowie insbesondere Henry Purcell.[8]

---

[5] Thomas F. Dunhill: *British Chamber Music*, in: Walter Willson Cobbett (Hg.): *Cobbett's Cyclopedic Survey of Chamber Music, Vol. 1*, London 1929, S. 195–198, hier S. 197.

[6] J.A. Fuller-Maitland: *English Music in the XIXth Century*, London 1902, S. 62–68; Ernest Walker: *A History of Music in England*, Oxford 1907, S. 235f und S. 261f; W.H. Hadow: *Sir Hubert Parry*, in: *Proceedings of the Musical Association* 45, 1918/19, S. 135–147, hier S. 135f. Vgl. Nicholas Temperley: *Xenophilia in British Musical History*, in: Bennett Zon (Hg.): *Nineteenth-Century British Music Studies, Vol. 1*, Aldershot 1999, S. 3–19, zu Händel S. 9f. Die These eines dominierenden Händel-Einflusses, sowohl konkret-technisch als auch abstrakt-ästhetisch, versuchte Temperley zu widerlegen in *Handel's Influence on English Music*, in: *The Monthly Musical Record* 90, 1960, S. 163–174. Hingegen legte Michael F. Robinson dar, dass Händel durchaus am Beginn einer Perspektive stand, die das Wirken ‚großer Männer' in der Kunst ins Zentrum gestellt habe, und so eine nicht zu füllende Lücke hinterließ. Michael F. Robinson: *The Decline of British Music, 1760–1800*, in: *Studi Musicali* 7, 1978, S. 269–284.

[7] Noch 1952 beharrte Frank Howes, später Autor der Monographie *The English Musical Renaissance* (London 1966), nach einem Vortrag von Winton Dean auf der Rolle der „edification" in Händels Oratorien. Winton Dean: *The Dramatic Element in Handel's Oratorios*, in: *Proceedings of the Royal Musical Association* 79, 1952/53, S. 33–49, hier S. 47.

[8] Vgl. zu diesem Prozess und dem Händel-Bild der „Renaissance"-Propagatoren Thomas Irvine: *Handel at the Queen's Hall Promenade Concerts, 1895–1914*, in: *Göttinger Händel-Beiträge* 16, 2015, S. 55–75; Gilles Couderc: *‚Move over, Handel!': The English Musical Renaissance and the Quest for New Musical Heroes*, in: *Musicorum* 14, 2013 (*Haendel après Haendel : Construction, renommée, influence de Haendel et de la figure haendélienne*), S. 193–205; vgl. auch den allgemeineren Überblick im gleichen Band, Donald Burrows: *Turning the Handel: how Handel and his Music Survived 250 Years*, S. 15–24.

Angesichts dieser Entwicklung hielt Davey nach dem Ersten Weltkrieg Händel-Propaganda in England sogar wieder für notwendig und verwies anerkennend auf eine Vereinigung von Amateuren, die sich schon seit 1882 beständig für ein vielfältigeres Repertoire eingesetzt und dabei auch eine neue Perspektive auf die Aufführungspraxis eingenommen habe:

> „A Handel Society was started in London as far back as 1882 by Mr. Balfour and other aristocratic amateurs; it was thought necessary to have a naturalized German as President, and the Society was never prominent or militant, perhaps dreading the sneers of the high-brows who boasted they could appreciate Bach. Yet it performed many large works of Handel, and in a style generally corresponding to Chrysander's [ohne zusätzliche Orchesterinstrumente]."[9]

Zu den Gründern dieser bis zum Kriegsausbruch 1939 aktiven *Handel Society* gehörte der konservative Politiker und zeitweilige Premierminister Arthur James Balfour (1848–1930), der seit Studienzeiten als enthusiastischer Händel-Jünger dessen Musik selbst aktiv pflegte. Diese Leidenschaft, bereits von der zeitgenössischen musikalischen Presse registriert, beleuchteten auch zwei jüngere Studien, während der Handel Society bislang keine nähere Beachtung zuteil wurde.[10]

I. Balfour und Händels Musik im privaten Rahmen

In eine Familie des schottischen Landadels hineingeboren und den Namen seines Patenonkels, des ersten Duke of Wellington, tragend, gab Balfour wiederum der Balfour-Deklaration von 1917, einer der Grundlagen eines jüdischen Staates in Palästina, ihren Namen, sodass sein Leben gewissermaßen anderthalb Jahrhunderte tiefgreifender Umbrüche umspannt. Das *Oxford Dictionary of National Biography* bezeichnet ihn gleichrangig als „prime minister and philosopher",[11] eine ältere Biographie trägt den Untertitel „intellectual statesman" und er wurde als einer der „most enigmatic" ebenso wie „most highly civilized"

---

[9] Davey: *Handel* (wie Anm. 2), S. 249.
[10] Allan W. Atlas: *Lord Arthur's ‚Infernals': Balfour and the Concertina*, in: *The Musical Times* 149/1904, 2008, S. 35–51; Phyllis Weliver: *Mary Gladstone and the Victorian Salon: Music, Literature, Liberalism*, Cambridge 2017, S. 125–168.
[11] Ruddock Mackay / H. C. G. Matthew: *Balfour, Arthur James, First Earl of Balfour*, in: *Oxford Dictionary of National Biography*, Version vom 6. Januar 2011, http://www.oxforddnb.com/view/10.1093/ref:odnb/9780198614128.001.0001/odnb-9780198614128-e-30553 (Zugriff am 17.10.2020). Vgl. auch die frühe Biographie Kenneth Young: *Arthur James Balfour. The Happy Life of the Politician, Prime Minister, Statesman and Philosopher, 1848–1930*, London 1963.

Abb. 2: Arthur James Balfour, Fotografie vor 1889, in Maurice O'Connor Morris: *Dublin Castle*, London 1889

Premierminister beschrieben.[12] Seine politische Karriere war nach der Zeit im höchsten Amt (1902–1905), heute schwer vorstellbar, noch lange nicht beendet; noch bis 1929, ein Jahr vor seinem Tod, bekleidete er eine Kabinettsposition. 1922 wurde er, unverheiratet und kinderlos, als Earl of Balfour zum Peer erhoben. Einige Beobachter attestierten ihm eine abgeklärte Haltung nicht nur gegenüber dem politischen Betrieb, doch pflegte er einige Leidenschaften sein Leben lang, darunter neben Tennis (*real* und *lawn*) und Golf auch die Musik.

---

[12] Ruddock F. Mackay: *Balfour. Intellectual Statesman*, Oxford 1985; Max Egremont: *Balfour. A Life of Arthur James Balfour*, London 1980, Klappentext; Jane Ridley / Clayre Percy (Hg.): *The Letters of Arthur Balfour and Lady Elcho 1885–1917*, London 1992, S. vii.

Auch wenn er als Kind das Klavierspiel erlernte, kam Balfour wohl erstmals während seines Studiums in Cambridge (*moral sciences*, 1866–1869) in Kontakt mit einer größeren Bandbreite an Repertoire:

> „At home my opportunities of hearing good music were small, and of hearing it in the society of those who not only cared for it but knew something about it, almost negligible. At Cambridge it was very different. There were excellent organists, well-trained choirs, and both among the ‚Dons' and the undergraduates, many good amateurs. […] concerts of chamber-music were more easily organized than operas or symphonies. I do not think I ever heard Wagner before I took my Degree in 1869. The reputation of Mendelssohn was somewhat on the wane; that of Brahms was growing. Schumann, Schubert, Beethoven, Handel, and Bach provided our staple fare."[13]

Der Bezug auf eine angemessene Gesellschaft beim Musikhören spiegelt die Entwicklung zum aufmerksamen Zuhören wider, die für Kammermusik im England des mittleren 19. Jahrhunderts charakteristisch war.[14] Die Namen von Schumann und Brahms sind allerdings mit einem Fragezeichen zu versehen; beide waren in den 1860er Jahren in England noch wenig bekannt und galten als progressiv. Brahms' Musik tauchte erst unter der Leitung Charles Villiers Stanfords (ab 1873) regelmäßig auf den Programmen der Cambridge University Musical Society auf.[15] Nach dem Studium kaufte Balfour von seinem beträchtlichen Erbe ein Stadthaus am Londoner St. James's Park, in dessen Salon zwei Klaviere und ein Händel-Porträt an der Wand Platz fanden:[16]

> „For years there were two pianos in the large drawing-room at No. 4 Carlton Gardens, and Balfour provided the eight-handed scores for those who came to play. He loved Beethoven and Bach, and in varying degree the other great classical composers; but the *grande passion* of his musical life was for Handel. This love he never deserted or outgrew. It was concentrated on the Oratorios, perhaps chiefly upon *Israel*, and, a shade less, upon the *Messiah*."[17]

---

[13] Arthur James Balfour: *Chapters of Autobiography*, hg. von Mrs. Edgar [Blanche] Dugdale, London 1930, S. 38 f.

[14] Vgl. zuletzt Christina Bashford: *Concert Listening the British Way? Program Notes and Victorian Culture*, in: Christian Thorau / Hansjakob Ziemer (Hg.): *The Oxford Handbook of Music Listening in the 19th and 20th Centuries*, Oxford 2019, S. 187–206.

[15] Siehe dazu David Reißfelder: *Charles Villiers Stanford, die English Musical Renaissance und die Cambridge University Musical Society*, unveröffentlichte Masterarbeit, Ruprecht-Karls-Universität Heidelberg 2017.

[16] Tagebucheintrag von Mary Gladstone, 9. Dezember 1872, zit. nach Weliver: *Music and the Gladstone Salon* (wie Anm. 10), S. 140.

[17] Blanche E. C. Dugdale: *Arthur James Balfour. First Earl of Balfour, K. G., O. M., F. R. S., Etc.*, Vol. 1, London 1936, S. 47. Die Autorin dieser frühen, gewissermaßen autorisierten Biographie war Balfours Nichte, die bereits 1930 die 1928 begonnenen Memoiren Balfours herausgegeben hatte.

Zudem erwarb er 1876 einen Großteil der Händel-Bibliothek des Sammlers Julian Marshall mit etwa 500 Musik- und 150 Librettodrucken, größtenteils aus dem 18. Jahrhundert.[18] Zwischen seinem Studienabschluss und dem ersten Eintritt ins Parlament 1874 sowie in den folgenden Parlamentspausen widmete er einen großen Teil seiner Mußezeit Besuchen bei den Monday und Saturday Popular Concerts („Pops") in der St. James's Hall, bei denen primär klassische Kammermusik von primär deutschen Interpreten präsentiert wurde, und den Saturday Concerts des Crystal Palace Orchestra unter August Manns. Ebenso hochkarätige Musik war zu dieser Zeit in Privathäusern zu hören.[19] Auch 4 Carlton Gardens war mehrfach Ort solcher Zusammenkünfte, etwa im April 1879 mit einer Werkauswahl Hubert Parrys.[20] Neben Händel schätzte Balfour auch andere ‚Klassiker' wie Bach und Beethoven, abgesehen von den Oratorienchören offenbar besonders Instrumentalmusik,[21] während er fortschrittlicherer Musik wie Wagners zwiespältig gegenüberstand;[22] zumindest besuchte er mehrfach Bayreuth, wo er von Cosima Wagner empfangen wurde.[23] Zur Feier

---

[18] 1938 ging Balfours Händel-Sammlung an die National Library of Scotland. Vgl. Donald Burrows: *The Balfour Handel Collection*, in: *Understanding Bach* 6, 2012, S. 53–55. Vgl. zu Marshall, der den Händel-Artikel in der ersten Ausgabe von *Grove's Dictionary* 1879 verfasste, Arthur Searle: *Julian Marshall and the British Museum: Music Collecting in the Later Nineteenth Century*, in: *The British Library Journal* 11/1, 1985, S. 67–87.

[19] Balfour: *Chapters of Autobiography* (wie Anm. 13), S. 234. Vgl. zu einem Überblick über verschiedene Zirkel der privaten Musikwelt Sophie Fuller: *Elgar and the Salons: The Significance of a Private Musical World*, in: Byron Adams (Hg.): *Edward Elgar and His World*, Princeton 2007, S. 223–247.

[20] Siehe für das Programm und die Interpreten [Anon.]: *The Prime Minister as a Musician*, in: *The Musical Times* 43/714, 1. August 1902, S. 532. Mary Gladstone notierte in ihrem Tagebuch am 1. April 1879: „A rum audience consisting of H's [Parry's] relations and musical connoisseurs. It was great fun and a huge success and wonderfully appreciated, and supper after for the million." Zit. nach Lucy Masterman (Hg.): *Mary Gladstone (Mrs. Drew). Her Diaries and Letters*, London 1930, S. 151. Die originalen Tagebücher werden in der British Library aufbewahrt.

[21] „In music, too, he took a great delight and was an enthusiastic lover of the old Masters, especially of Handel, about whom he wrote with the authority of an expert. Bach and Beethoven were among his favourite composers, and he preferred instrumental to vocal music, with the exception of the full-blooded choruses and chorales from the Oratorios that he loved so well. Modern music had little charm, if any, for him; and in this connection I remember how patiently he would sit through dinner at his favourite restaurant in Paris until most of the clients had left and the noise of jazz and jingle had ceased, and would then ask the chef d'Orchestre (a very gifted young Polish violinist) to play him some eighteenth-century French music, such as *La Précieuse* or the *Chanson Louis XIII* by Couperin, after which he would walk home contentedly to bed." Ian Malcolm: *Lord Balfour. A Memory*, London 1930, S. 103 f.

[22] „He was passionately musical, but so far his appreciation was chiefly confined to Handel and Bach, and it was a fascinating occupation revealing to him the more modern composers, Beethoven, Schuman [sic], Brahms and even Wagner." Mary Gladstone: *Mr. Balfour* (biographische Skizze), zit. nach Weliver: *Music and the Gladstone Salon* (wie Anm. 10), S. 147.

[23] Malcolm: *Lord Balfour* (wie Anm. 21), S. 9.

des sechzigjährigen Jubiläums von Joseph Joachims erstem Konzert in England 1904 hielt der Premierminister Balfour die Festrede; er betonte, dass die Welt auf deutsche Musik nicht verzichten könne, und würdigte seinen Freund als *den* Pionier in der Entwicklung des englischen musikalischen Geschmacks.[24] Bekannt war er auch mit Percy Grainger, dem in gehobenen Gesellschaftskreisen beliebten australischen Pianisten, und bei einer Gelegenheit bei der Aufzeichnung von Volksliedern zugegen.[25]

Von Balfours Bewunderung sowie seiner genauen Kenntnis der Werke Händels zeugte ein umfangreicher, kritisch-ästhetisch angelegter Artikel, der zuerst 1887 anonym in der angesehenen *Edinburgh Review* erschien, von der musikalischen Presse aber sofort auf ihn zurückgeführt werden konnte.[26] Auch die (leicht veränderte) Wiederveröffentlichung in einer Essaysammlung Balfours sechs Jahre später wurde in mehreren Zeitschriften wohlwollend besprochen.[27] Balfour reflektierte zunächst die große zeitliche Kluft zwischen Händel und der Gegenwart, eine Kluft, die in der Musik durch das Wesen ihres Fortschritts noch erheblich spürbarer sei als in der Literatur und Malerei. Am Ende kam er dankbar zu der Feststellung, dass Händels Musik trotz der künstlerischen Evolution, die Meisterwerke zunehmend verderbe,[28] durch die bleibende Zuneigung der Hörer unsterblich bleibe – nicht als staubiges Relikt in den Museen. Die knapp skizzierte Laufbahn Händels kulminierte für Balfour in den Oratorien (was auf diese Weise nur in England möglich gewesen sei), die den Komponisten von den Zwängen der Bühne gelöst und so insbesondere die Ein-

---

[24] Edward Speyer: *My Life and Friends*, London 1937, S. 190. Im Kreis um Speyer, einem wichtigen Mäzen der privaten Musikwelt und Freund Edward Elgars, war Balfour auch mit dem Pianisten und Komponisten Donald F. Tovey bekannt. Vgl. Mary Grierson: *Donald Francis Tovey. A Biography Based on Letters*, London 1952, S. 110 f. Bei Speyers Classical Concert Society (1908–1922) wirkte Balfours Bruder Gerald William im Komitee.

[25] „No person could be more entertaining than Balfour. Every sentence he says is almost worth remembering. […] He has a rare soulfulness, is religiously inclined, and loves Bach passionately. He has one of the nicest motors I have ever been in, and on Monday we motored about 46 miles in an hour and a few minutes." Brief von Percy Grainger an seine Freundin Karen Holten, 9. April 1908, zit. nach Kay Dreyfus (Hg.): *The Farthest North of Humanness. Letters of Percy Grainger 1901–14*, Basingstoke 1985, S. 205 f.

[26] [Anon.]: *The Works of G. F. Handel. Published by the German Handel Society. Edited by Dr. F. Chrysander. Leipzig: 1858–86*, in: *The Edinburgh Review* 165/337, Januar 1887, S. 214–247. Trotz des Titels handelte es sich nicht um eine Rezension der Händelausgabe. Vgl. auch die Zusammenfassung in *The Musical Times* 28/530, 1. April 1887, S. 211.

[27] Arthur J. Balfour: *Handel*, in: *Essays and Addresses*, Edinburgh 1893, S. 111–184. Vgl. auch die Besprechungen [Anon.]: *Reviews*, in: *The Musical Times* 34/604, 1. Juni 1893, S. 361; [Anon.]: *A (late) Cabinet Minister on Handel*, in: *The Magazine of Music* 10/10, Oktober 1893, S. 221.

[28] Irvine hob in seiner Diskussion Balfours Haltung gegen das von einflussreichen Kritikern vertretene Prinzip der Evolution in der Musik hervor. Irvine: *Handel at the Queen's Hall Promenade Concerts* (wie Anm. 8), S. 70 f.

bettung von Chören erleichtert hätten. Kein anderer habe Chöre auf so wirkungsvolle Weise für dramatische Zwecke eingesetzt. Die Möglichkeiten der der italienischen Oper (nun „dead beyond all hope of revival"), aber auch Passion und Messe überlegenen Oratoriumsform habe Händel erkannt, entwickelt und ausgeschöpft, obwohl er im Allgemeinen kein Neuerer gewesen sei, sondern bestehende Formen zur Perfektion geführt habe. In einem ausführlichen Abschnitt verteidigte Balfour Händel gegen den Vorwurf mangelnder Originalität und rechtfertigte das Parodieverfahren. Ein Meister des Ausdrucks von direkten Gefühlen, habe dieser allein die in der modernen Musik wohl wichtigste Emotion, die Balfour mit dem deutschen Wort ‚Sehnsucht' umschrieb, musikalisch nicht so ausdrücken können wie später etwa Beethoven. Alles andere als „modern", lasse er deshalb manche Zeitgenossen unberührt.[29]

Am intensivsten selbst musikalisch tätig war Balfour jedoch in den frühen 1870er Jahren zusammen mit einer kleinen Gruppe von Vertrauten, für die Händel unangefochten im Zentrum der eigenen Aktivitäten stand. In Cambridge hatte er George William Spencer Lyttelton kennengelernt, mit dem er die Leidenschaft für die Musik teilte. Dieser lud ihn 1870 erstmals auf das Familienanwesen Hagley Hall in Worcestershire ein, wo auch die mit den Lytteltons verwandten Gladstones ein und aus gingen. Mit Spencer, dessen Schwester May Lyttelton und Mary Gladstone, einer der Töchter des mehrfachen liberalen Premierministers William Ewart Gladstone, verschrieb sich Balfour dort, in seinem schottischen Haus Whittingehame oder in London ausgedehntem gemeinsamen Musikmachen.[30] Dabei spielte Balfour die Concertina, einen in England weit verbreiteten Vorgänger des Bandoneons.[31] Lebhafte Beschreibungen dieser Zusammenkünfte lassen sich den Tagebüchern von Mary Gladstone entnehmen. Selbst äußerst musikalisch, Joseph Joachim (im Tagebuch „Joe") am Klavier begleitend und von August Manns und George Grove als Händel-

---

[29] [Anon.]: *The Works of G. F. Handel* (wie Anm. 26), S. 241. Das Wort ‚Sehnsucht' fehlte hingegen im Text der späteren Essaysammlung.
[30] Mays Schwester Lavinia Lyttelton erinnerte sich: „Both she [Mary Gladstone] and May played on the piano as much as possible, and A. J. B. sat wherever there was music going on. I remember being amused at my brother Neville saying: ‚I don't know that I like this friend of Spencer's, – he seems to do nothing but hang about the girls.' I told him it was the music he was enjoying first and foremost." Dugdale: *Balfour* (wie Anm. 17), S. 32.
[31] Möglicherweise hatte Balfour sein Instrument auch bei der Weltreise im Gepäck, die er 1875 mit Spencer Lyttelton unternahm: „Lyttelton relates that he sang at intervals on such occasions, but unfortunately the diary does not endorse a family legend that he was wont also to play melodies by Handel on a concertina in his recumbent position. Certain it is, that he did perform on the concertina at home at this period of his life, using it to supply the tenor part in glees and choruses sung in the privacy of the family circle. Four elaborate concertinas known as ‚the Infernals' were in existence at Whittingehame a generation later, […]." Ebd., S. 38. Auf Youtube finden sich verschiedene Interpretationen von Werken Händels mit Concertina.

Kennerin geschätzt, standen sie und der musikalische Salon der Gladstones im Zentrum einer jüngeren interdisziplinären Studie.[32] Die sich auf Balfours Concertinaspiel beziehenden Einträge wurden ebenfalls näher untersucht.[33] Ab den mittleren 1880er Jahren entwickelte sich die lose verbundene elitäre Gruppierung „The Souls", auch von seiner Verbindung zu den Lytteltons ausgehend, zu einem Zentrum von Balfours gesellschaftlichem Leben, bei der die Musik jedoch eher in den Hintergrund trat.[34]

Händel war im Repertoire der jungen privilegierten Enthusiasten vor allem in zwei Formen vertreten: mit instrumentaler Kammermusik und mit Bearbeitungen bzw. Auszügen aus Oratorien und anderen Chorwerken. Mehrere Solo- und Triosonaten boten sich für die Concertina an, die die Stimme verschiedener Streich- oder Blasinstrumente übernehmen konnte.[35] Gladstone erwähnte auch ein Concerto grosso (offenbar g-Moll, HWV 324), wobei offenbleibt, ob Balfour dabei nur eine oder gar beide Soloviolinstimmen übernahm:

„Played some Handel trios with Mr. B[alfour] and Mr. R. Strutt [Richard, der Bruder von Balfours Schwager John William Strutt, 3. Baron Rayleigh] on the ‚Infernals' [concertinas], also 2 lovely things out of Fidelio. There is an entire room devoted to music here [Whittingehame] wh.[ich] often results in confusion worse confounded."[36]

„The Infernal and Mr. Balfour came at 12 and we had 2 hours of delightful practice. The old Handel in A, the Concerto with imposing Largo, exciting chromatic fugue, lovely musette and fly away Allegro. 2 Handel flute Sonatas, 3rd and 5th, the latter perfectly delightful. The Beethoven sonata with the beautiful Minuet. ‚Convey me,' the Ave Maria and the Bach Sonata played at the 1st Hallé recital, enjoyed it like anything, refreshing and exhilarating."[37]

---

[32] Weliver: *Mary Gladstone and the Victorian Salon* (wie Anm. 10), S. 147f, siehe zu Balfour insbesondere S. 139f und S. 146f.
[33] Atlas: *Lord Arthur's ‚Infernals'* (wie Anm. 10).
[34] Vgl. Nancy W. Ellenberger: *Balfour's World. Aristocracy and Political Culture at the Fin de Siècle*, Woodbridge 2015.
[35] Atlas: *Lord Arthur's ‚Infernals'* (wie Anm. 10), S. 42. Vgl. auch die Notenedition mit ausführlicher Einleitung Allan W. Atlas (Hg.): *Victorian Music for the English Concertina*, Middleton/WI 2009 (= Recent Researches in the Music of the Nineteenth and Early Twentieth Centuries 52). Ein Organist, der für Balfour gespielt hatte, erinnerte sich, dass ein anderer Concertinaspieler bei einer Gelegenheit auf seinem Instrument die beiden Streichsextette von Brahms angeführt hatte. H. J. Timothy: *Lord Balfour, Etc.*, in: *The Musical Times* 71/1048, 1. Juni 1930, S. 544.
[36] Tagebucheintrag von Mary Gladstone, 9. August 1871, zit. nach Masterman (Hg.): *Mary Gladstone* (wie Anm. 20), S. 66f.
[37] Tagebucheintrag von Mary Gladstone, 11. Mai 1872, zit. nach ebd., S. 78f. Neben dem Konzert HWV 324 identifizierte Atlas die genannten Sonaten als HWV 361, 365, 369 sowie Beethovens op. 30 Nr. 3 und die Arie als eine aus *Alexander Balus*. Atlas: *Lord Arthur's ‚Infernals'* (wie Anm. 10), S. 47, Anm. 47.

Von der Forschung bisher seltener in den Fokus gerückt, überdauerte auch Händels Kammermusik im England des 19. Jahrhunderts, sowohl in solchen häuslichen als auch in öffentlichen Kontexten.[38] Bei Kammermusikkonzerten waren jedoch etwa seine Triosonaten ab den 1840er Jahren immer seltener zu hören.[39] Mit der Aufführung einer Violinsonate in A-Dur („the old Handel in A"?) bei den „Pops" 1872 zeigte sich Gladstone unzufrieden: „they don't do it full justice. lacking in go + expression. the Infernal plays it with far more effect if with less correctness."[40] Die fehlerfreie Wiedergabe stand für die Dilettanten nicht im Zentrum.[41]

Noch beliebter bei den regelmäßigen musikalischen Treffen waren Auszüge oder gar komplette Bearbeitungen (im Fall von *Messiah* und *Israel in Egpyt*) der Oratorien für Melodiestimme (Concertina) und Klavier wie fast täglich im August 1871 oder an den beiden Flügeln in Balfours Londoner Haus:

> „Sang some hymns and at 10 we resumed our duets. Played all the Messiah right through, on the whole well, frantically excited in ‚Why do all nations,' and, dreadfully exhausted, finished with ‚I know that my Redeemer livith,' perfect. The combination is certainly good and Mr. B[alfour] plays the Inf[ernal] awfully well. Went to bed saturated with sublime music."[42]

> „Our Farewell concert – played the 3 Te Deum duets. ‚Turn not, O Queen,' Esther, ‚In sweetest harmony,' and ‚O fatal day,' Saul, *splendid*, and as a climax, ‚For behold, darkness,' Messiah, superb. It was very sad, and our going away altogether a heart-rending moment."[43]

> „Once again we played the Messiah through, P. F. and Infernals, from beginning to end. Each time it appears more immeasurably great, easily first among monumental works of musical genius. The Divine words inspired the divine music."[44]

---

[38] Burrows: *Turning the Handel* (wie Anm. 8), S. 19.
[39] Christina Margaret Bashford: *Public Chamber-Music Concerts in London, 1835–50. Aspects of History, Repertory and Reception, Vol. 1*, Diss. University of London, King's College 1996, S. 253.
[40] Tagebucheintrag von Mary Gladstone, 8. März 1872, zit. nach Weliver: *Music and the Gladstone Salon* (wie Anm. 10), S. 151. Laut einer Kritik spielten Joachim und Charles Hallé erst am 9. März 1872 die A-Dur-Sonate von Händel – hörte Gladstone am Vortag die Probe oder ist das Datum falsch wiedergegeben? [Anon.]: *Monday Popular Concerts*, in: *The Athenaeum* 2316, 16. März 1872, S. 343.
[41] „Played most of the morning duets on the Inf[ernal] and P. F. out of Solomon, Israel in Egypt (all the latter), and attempted the 3 hand choruses of Handel's for the P. F. wh.[ich] mostly resulted in Failure. but that's a detail. Formula." Tagebucheintrag von Mary Gladstone, 12. August 1871, zit. nach Masterman (Hg.): *Mary Gladstone* (wie Anm. 20), S. 68.
[42] Tagebucheintrag von Mary Gladstone, 13. August 1871, zit. nach ebd.
[43] Tagebucheintrag von Mary Gladstone, 14. August 1871, zit. nach ebd., S. 69.
[44] Tagebucheintrag von Mary Gladstone, 5.–6. Oktober 1872, in der Skizze *Mr. Balfour*, zit. nach Weliver: *Music and the Gladstone Salon* (wie Anm. 10), S. 138.

„There was one duet Mr. Leigh used to play with me which perhaps more than all others moved our host [Balfour] to ecstasy. It was ‚The Waters overwhelmed them' (Israel in Egypt). Mr Leigh played the mighty chords, but to me was given the great rolling bass, ever increasing in volume, culminating in the crash of the double octaves. You really cd [could] feel the roar of the waves! Really it vied with the Handel Festival at the Crystal Palace!"[45]

Dabei stand die Erfahrung des Erhabenen oft unmittelbar neben deren Brechung durch Überzeichnung („frantically excited"). Weliver bediente sich für die Beschreibung dieser Nebeneinanderstellung des Begriffpaars von Pathos und Bathos.[46] Dass Balfour Händels Musik auch völlig unernst zelebrieren konnte, zeigt eine Schilderung Gladstones von nächtlichen Aktivitäten in Whittingehame:

„about 12 o'clock every night we take a perilous walk in total darkness_tumble down precipices climb up perpendiculars, all the time accompanied by Mr B.[alfour]'s voice bursting out in furious choruses of Handel's."[47]

Neben den zwei beliebtesten und meistgehörten waren Balfour nicht zuletzt durch das eigene Spielen auch einige weitere der Oratorien bekannt. Seine Leidenschaft für Händel trat erstmals aus der privaten in die öffentliche Sphäre, als er im Mai 1873 eine Aufführung von *Belshazzar* in die Wege leitete und deren Finanzierung sicherte.[48] Gladstone zufolge besaß er mindestens zehn Notenexemplare dieses im 19. Jahrhundert in England offenbar erst einmal zuvor erklungenen Werkes.[49] Das Konzert in der zwei Jahre zuvor eröffneten Royal Albert Hall bestritt die gleichnamige Choral Society in großer Besetzung unter Joseph Barnby. Die Anzeige in der *Times* verlautete: „The work will be given in its original form (without the addition of modern instruments), so as to produce

---

[45] Mary Gladstone: *Mr. Balfour*, zit. nach ebd., S. 139.
[46] Ebd., S. 148 f. Siehe dort auch für eine überschwängliche Beschreibung des *Messiah* von Gladstone, die ebenfalls beide Begriffe verwendete.
[47] Mary Gladstone an ihren Bruder Herbert, 10. August 1871, zit. nach ebd., S. 142.
[48] „In 1873 *Belshazzar* was performed in full at the Albert Hall for the second time (The other occasion was Exeter Hall, in 1847.) [Anm. von Dugdale; die Aufführung bestritt die Sacred Harmonic Society] in the nineteenth century, on his initiative, and with his financial guarantee. Why he chose this particular Oratorio for revival is not on record, but it may well have been because of the number of good choruses it contained, and the great variety of their treatment. The Albert Hall was fairly full, but the success of the performance was mainly a *succès d'estime*." Dugdale: *Balfour* (wie Anm. 17), S. 48.
[49] „he had 10 copies of Belshazzar kicking about the house promiscuously + loaded us with as many as we could pack. (three)" Brief von Mary Gladstone an ihren Bruder Henry Neville, 16. Oktober 1872, zit. nach Weliver: *Music and the Gladstone Salon* (wie Anm. 10), S. 146. Es handelte sich entweder um die Ausgabe der Handel Society (1847/1849) oder die der deutschen Händelgesellschaft (1864).

as nearly as possible the effect of a performance of Handel's own time. The organ part has been specially arranged by Mr. G. A. Macfarren for this purpose."[50] Im gleichen Jahr erschien bei Novello ein Klavierauszug dieser Fassung, die ohne zusätzliche Orchesterstimmen auskam. Bei der vergleichbaren Wiederbelebung von *Jephta*, das ebenfalls Barnby 1869 und 1870 mehrfach dirigiert hatte, hatte Arthur Sullivan die Partitur für das moderne Orchester adaptiert.[51] In der musikalischen Presse wurde die Aufführung von *Belshazzar*, für die das knapp dreistündige Oratorium natürlich gekürzt worden war, ausführlich besprochen und ob des kaum bekannten Stückes als verdienstvoll gewürdigt. Die originale Instrumentierung wurde etwa zur Hälfte bedauert, damit sei langfristig kein Erfolg beim Publikum zu erzielen,[52] und zur Hälfte begrüßt.[53] Die Kritiker beanstandeten die Qualität des Librettos von Charles Jennens, hoben aber besonders die Chöre lobend hervor. In keiner der Besprechungen und auch nicht im umfangreichen Vorwort Macfarrens zu seiner Neuausgabe wurde der Name Balfours erwähnt. So muss offenbleiben, ob die Intention einer möglichst

---

[50] *The Times*, 7. Mai 1873, S. 1. Auf der gleichen Seite wurden „band and chorus of 1,200" angekündigt. An der Orgel saß John Stainer, am Klavier begleitete Oliver King die Rezitative, die hochkarätigen Solisten waren Helen Lemmens-Sherrington, Janet Monach Patey, William Hayman Cummings, Thurley Beale und John Patey (anstelle des unpässlichen Lewis Thomas).

[51] Donald Burrows: *Some Aspects of the Influence of Handel's Music on the English Musician Arthur Sullivan (1842–1900)*, in: *Händel-Jahrbuch* 44, 1998, S. 148–171, hier S. 155–161.

[52] „It is, however, to be regretted that he [Macfarren] has not written additional accompaniments, which he is quite qualified to do. It is of no use trying to rely on the thin orchestration of Handel in his oratorios. Mr. Hullah ventured upon presenting the ‚Messiah' in St. Martin's Hall (now the Queen's Theatre), some years since, as the composer had left the instrumentation, and the result was a failure. And so it will be with ‚Belshazzar.' The oratorio will obtain no hold on the public as the score was given at the Royal Albert Hall, and there must be more excisions." [Anon.]: *Musical Gossip*, in: *The Athenaeum* 2377, 17. Mai 1873, S. 641. „[…] we should have preferred to have heard the orchestral wind more employed. The accompaniments in many parts were too colourless, and additional brilliancy would have been gained had more brass been employed." [Anon.]: *The Royal Albert Hall Choral Society*, in: *The Musical Standard* 4/459, 17. Mai 1873, S. 311.

[53] „The effect was strictly Handelian, and, if somewhat colourless to those familiar with the vivid hues of modern orchestration, it had an interest, antiquarian and other, more than sufficient to justify the experiment." [Anon.]: *Handel's „Belshazzar."*, in: *The Musical World* 51/20, 17. Mai 1873, S. 323. „It is true that our ears were not filled with the instrumentation, but then we heard the voices; and that, as we all know, from the composer's own words, was what he especially desired. ‚Additional instruments' are all very well if judiciously used; but who is to protect us from the *additional* ‚additional instruments,' to the noise of which modern audiences are too often compelled to submit?" [Anon.]: *Royal Albert Hall Choral Society*, in: *The Musical Times* 16/364, 1. Juni 1873, S. 107. Siehe auch die positive Besprechung der neuen Ausgabe Macfarrens ebd., S. 115. Mozart etwa habe die zusätzlichen Holzbläserstimmen für *Messiah* für einen Saal ergänzt, in dem keine Orgel vorhanden war, während es in England kaum nötig sei, andere Instrumente als solche aus Händels Zeiten zu verwenden.

‚authentischen' Wiedergabe auf dessen Wunsch zurückging. Bei einer späteren Gelegenheit, wohl in einem Hauskonzert, dirigierte dieser sogar ein Werk Händels (oder Bachs).[54]

II. Die zweite *Handel Society* (1882–1939)

Wie sich knapp zehn Jahre später erwies, sollte *Belshazzar* jedoch nur der Ausgangspunkt eines viel weitreichenderen Engagements für die zahlreichen weniger bekannten Oratorien Händels gewesen sein. 1882 wurde die Handel Society als Vereinigung eines Amateurchores und -orchesters gegründet, die zwar mit ihrem Namen an die von 1843 bis 1848 bestehende, eine Neuausgabe von Händels Werken anstrebende Gesellschaft anschloss, aber gänzlich anderen Zuschnitts war. Wurde die erste Handel Society von den wichtigsten Persönlichkeiten der englischen Musikwelt bestimmt, trugen die zweite fast ausschließlich Amateure wie Balfour, Anfang der 1880er Jahre noch ein Hinterbänkler im Unterhaus. Diese setzten damit eine Tradition wohlhabender, gehobener Kreise fort, Händels Musik zu pflegen und zu verbreiten. Auch in Paris gab es ähnliche aristokratisch-elitäre Chorvereinigungen.[55] Verschiedene Zeitungen sahen in dem 1876 gegründeten, noch heute aktiven Londoner *Bach Choir* das Vorbild für die neue Society, die allerdings auch Instrumentalisten aufnahm. William Henry Gladstone, Marys ältester Bruder, war Teil dessen Gründungskomitees gewesen und sang auch bei der Handel Society. Balfour war von 1905 bis zu seinem Tod Präsident des Bach Choir,[56] ebenso wie ab 1907 bei dem auf Kammermusik spezialisierten Oxford and Cambridge Musical Club.[57]

Von Beginn an wirkte Balfour, mal Bassist im Chor, mal unter den „Non-Performing Members" geführt, zunächst für zehn Jahre im Komitee der neuen Handel Society, wurde später Vizepräsident und in der Nachfolge Parrys Präsi-

---

[54] „I am going tomorrow to the Bach-Handel concert of Mrs Loene one piece of which (as I told you) I was asked to conduct! I expect to enjoy myself." Brief von Balfour an Lady Elcho, 4. Februar 1902, zit. nach Ridley/Percy (Hg.): *The Letters of Arthur Balfour and Lady Elcho* (wie Anm. 12), S. 184.

[55] 1879 gründeten etwa die Amateursopranistin Henriette Fuchs und ihr Mann Edmond die *Concordia*, bei der Claude Debussy ab 1883 kurzzeitig als Klavierbegleiter tätig war. Katharine Ellis: *Interpreting the Musical Past. Early Music in Nineteenth-Century France*, Oxford 2005, S. 98.

[56] Basil Keen: *The Bach Choir. The First Hundred Years*, Aldershot 2008, S. 132. Keens Einleitung bietet einen grundlegenden Überblick über die Chorlandschaft im England des 19. Jahrhunderts, aber erwähnt die Handel Society nicht.

[57] Sein Amtsvorgänger in dieser 1899 in London gegründeten Vereinigung mit anfangs 300 Mitgliedern war Joseph Joachim, sein Nachfolger William Henry Hadow. Susan Wollenberg: *Music at Oxford in the Eighteenth and Nineteenth Centuries*, Oxford 2001, S. 179.

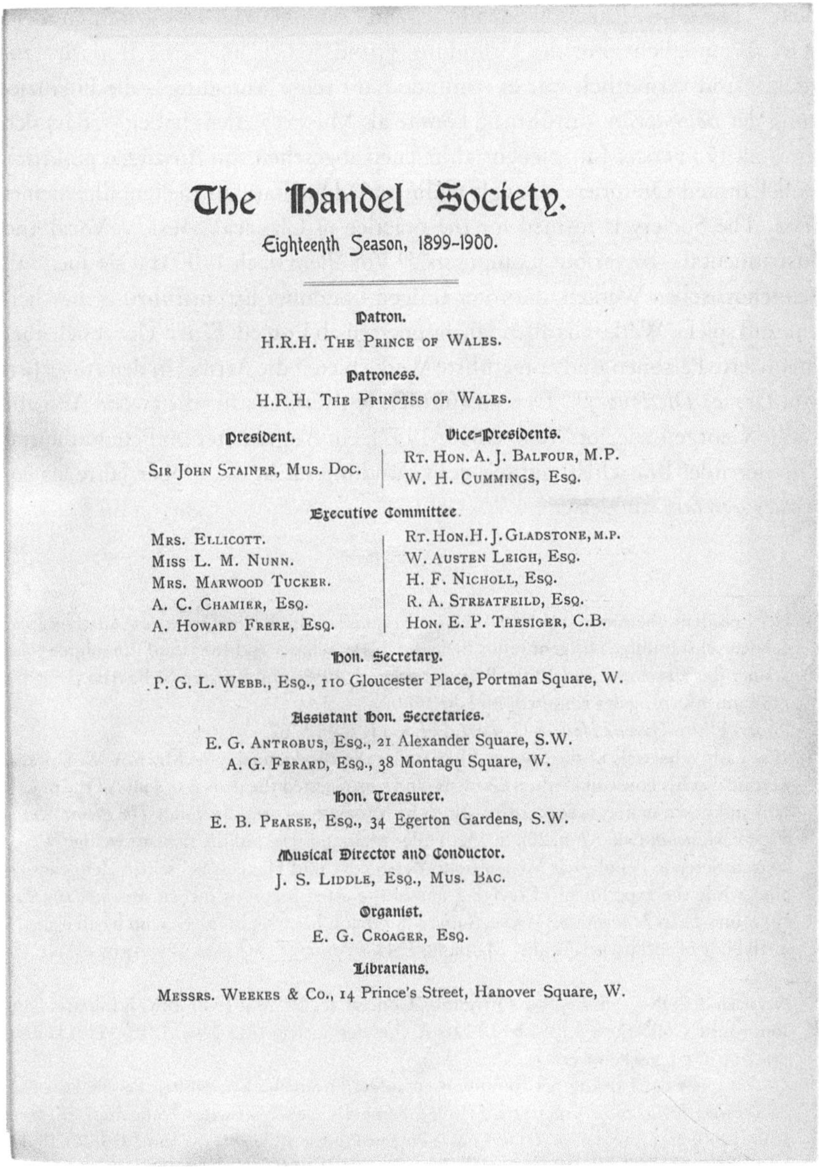

The Handel Society.

Eighteenth Season, 1899-1900.

Patron.
H.R.H. The Prince of Wales.

Patroness.
H.R.H. The Princess of Wales.

President.
Sir John Stainer, Mus. Doc.

Vice-Presidents.
Rt. Hon. A. J. Balfour, M.P.
W. H. Cummings, Esq.

Executive Committee.
Mrs. Ellicott.
Miss L. M. Nunn.
Mrs. Marwood Tucker.
A. C. Chamier, Esq.
A. Howard Frere, Esq.

Rt. Hon. H. J. Gladstone, M.P.
W. Austen Leigh, Esq.
H. F. Nicholl, Esq.
R. A. Streatfeild, Esq.
Hon. E. P. Thesiger, C.B.

Hon. Secretary.
P. G. L. Webb., Esq., 110 Gloucester Place, Portman Square, W.

Assistant Hon. Secretaries.
E. G. Antrobus, Esq., 21 Alexander Square, S.W.
A. G. Ferard, Esq., 38 Montagu Square, W.

Hon. Treasurer.
E. B. Pearse, Esq., 34 Egerton Gardens, S.W.

Musical Director and Conductor.
J. S. Liddle, Esq., Mus. Bac.

Organist.
E. G. Croager, Esq.

Librarians.
Messrs. Weekes & Co., 14 Prince's Street, Hanover Square, W.

Abb. 3: Komiteezusammensetzung nach dem Programmheft des Invitation Concert der Handel Society am 22. Mai 1900 in der St. James's Hall, © British Library Board, Music Collections e.1395.b.(2.), S. 5

dent.⁵⁸ Die ersten Proben fanden in seinem Londoner Haus 4 Carlton Gardens statt. Womöglich ging die Gründung grundsätzlich auf seine Initiative zurück,⁵⁹ und vermutlich war es zumindest auf seine Anregung – die Finanzierung der *Belshazzar*-Aufführung könnte als Muster gedient haben –, dass sich die Society in erster Linie jenen zahlreichen abgesehen von Auszügen praktisch unbekannten Oratorien Händels widmete.⁶⁰ Die Statuten hielten allgemeiner fest: „The Society is formed for the practice of Classical Music – Vocal and Instrumental – by various Composers".⁶¹ Vor allem nach 1900 trat sie auch mit zeitgenössischen Werken, darunter einigen Londoner Erstaufführungen,⁶² hervor und spielte Werke aus allen Jahrhunderten ab Purcell. Einen Überblick über involvierte Personen und aufgeführte Werke bieten die Artikel in den Ausgaben von *Grove's Dictionary*.⁶³ Den ausführlichsten verfasste für die zweite Ausgabe Philip George Lancelot Webb (1856–1937), ein Angestellter im Patentamt und dilettierender Bratschist, der seit der Gründung bis in die 1930er Jahre als *honorary secretary* fungierte.⁶⁴

---

[58] Der Präsident übernahm wohl vor allem eine repräsentative Rolle. Der erste Amtsträger war der deutschstämmige Dirigent Julius Benedict (bis zu seinem Tod 1885), auf ihn folgten John Stainer (bis zu seinem Tod 1901), Parry (er verstarb 1918) und Balfour. Siehe Abb. 3 für die Zusammensetzung des Komitees im Jahr 1900.

[59] Robert Elkin: *Queen's Hall 1893–1941*, London [1944], S. 67.

[60] „The early rehearsals of the Society (then under the conductorship of Mr. F. A. W. Docker) were held at his house in Carlton Gardens, and he suggested the revival of some of the practically unknown oratorios concerning which he is so enthusiastic." [Anon.]: *The Prime Minister as a Musician* (wie Anm. 20), S. 532. Fuller Maitland wies auf die sich auf wenige Werke konzentrierende Popularität Mendelssohn Bartholdys und Händels bei seinen Zeitgenossen hin, „while the experiment of reviving one of the other oratorios [neben *Messiah*, *Israel in Egypt* und *Judas Maccabaeus*] is so certain to fail that it has long been given up by all except a small body of enthusiasts." Fuller Maitland: *English Music in the XIXth Century* (wie Anm. 2), S. 69.

[61] Zit. nach dem Programmheft des Invitation Concert am 22. Mai 1900, British Library, London, Music Collections e.1395.b.(2.) Das Archiv der Society (MS Mus. 1215–1219) konnte leider nicht eingesehen werden.

[62] Zu den unter der Leitung des Komponisten aufgeführten Werken zählten Parrys *Eton Ode* (1892) und *L'Allegro ed il Pensieroso* (1898), Samuel Coleridge-Taylors *Hiawatha's Wedding Feast* (1900) und *Kubla Khan* (1906) sowie Eugène Goossens' *Silence* (Saison 1923/24). In der *Musical Times* wurden viele der Aufführungen besprochen oder angekündigt.

[63] P. G. L. W. [Philip George Lancelot Webb]: *Handel Society, The (ii.)*, in: J. A. Fuller Maitland (Hg.): *Grove's Dictionary of Music and Musicians*, Vol. 2, London 1906, S. 292f; Ders.: *Handel, Society, The (2)*, in: H. C. Colles (Hg.): *Grove's Dictionary of Music and Musicians*, Third Edition, Vol. 2, London 1929, S. 517 (identisch in der vierten Edition von 1948); P. G. L. W., rev. F. G. R. [F. G. Rendall]: *Handel Society (2) (1882–1939)*, in: Eric Blom (Hg.): *Grove's Dictionary of Music and Musicians*, Fifth Edition, Vol. 4, London 1954, S. 61 f.

[64] Von Webb wird eine Fotografie in der National Portrait Gallery verwahrt, siehe https://www.npg.org.uk/collections/search/portrait/mw162124 (Zugriff am 17.10.2020).

Schon die ersten Zeitungsberichte zählten anerkennend einige der illustren Namen aus Chor und Orchester auf.[65] Dem ersten Komitee gehörten neben Balfour auch Constantia Ellicott, eine engagierte Amateurin und die Frau des Bischofs von Gloucester,[66] sowie William Austen Leigh, der Sohn eines Neffen von Jane Austen, an; kurz darauf folgte Herbert John Gladstone, einer der Brüder Marys und wie der Vater liberaler Politiker. 1903 bemerkte ein Kritiker, der Dirigent Liddle „deserves full credit for inducing a Prime Minister, a Liberal Whip, a peer of the realm and South African hero, and an impetuous Socialist to agree upon a joint note."[67] Auch Richard Alexander Streatfeild, Musikwissenschaftler und Autor einer Händel-Biographie (1909) sowie Tenor, zählte zu den Mitgliedern. Der eng verbundene Zirkel der Familien Balfour, Gladstone und Lyttelton war von Beginn an stark vertreten, so mit Mary Gladstone und ihren Brüdern Herbert und William im Chor, Spencer Lyttelton gar als Vokalsolisten,[68] Balfours Schwester Evelyn (Lady Rayleigh) und später (auch als Solisten) John Edward Talbot, Sohn eines konservativen Politikers und der ältesten Lyttelton-Tochter Meriel Sarah. Weitgehende soziale Exklusivität und Homogenität sicherte der Passus in den Regularien, dass Aufnahmekandidaten stets von einem Mitglied vorgeschlagen werden mussten.[69] Bis in die 1930er Jahre bewahrten sich die Mitglieder der Society, die deren letzter Dirigent Reginald Goodall als vorsintflutlich, aber gut bezahlend bezeichnete, ein hohes Standesbewusstsein; einer formulierte im Rückblick: „We were gentry, not working class. It was a choir for our friends and relations."[70]

Wie als Präsidenten wirkten auch als Dirigenten nach dem Organisten Frederick Arthur William Docker (bis 1892) profilierte Persönlichkeiten, die nicht

---

[65] [Anon.]: *The Handel Society*, in: *The Observer*, 22. Februar 1885, S. 7.
[66] Vgl. zu Ellicott und deren Tochter, der Komponistin Rosalind Ellicott, die auch als Sopransolistin bei der Handel Society aktiv war, sowie der debattierten Rolle von Amateuren in den 1880er Jahren Sophie Fuller: *Women Musicians and Professionalism in the Late-Nineteenth and Early-Twentieth Centuries*, in: Rosemary Golding (Hg.): *The Music Profession in Britain, 1780–1920. New Perspectives on Status and Identity*, London 2018, S. 149–169, insbesondere S. 157 f.
[67] Die Beschreibungen bezogen sich auf Balfour (Bass), Herbert Gladstone (Tenor), Frederic Thesiger, 2. Baron Chelmsford (Klarinette, 75-jährig!), und Cunninghame Graham (Cello). [Anon.]: *Society Invitation Concert*, in: *Daily Mail*, 21. Mai 1903, S. 3.
[68] Stanford würdigte Lyttelton postum: „The former was essentially a listener. No music meeting was quite complete without him. He had all the faculties of an artist; at one time he was a fine Handelian singer, as he proved by creating the bass part of Handel's ‚Semele,' but his sympathies were somewhat too much restricted to the old and to established traditions from which he did not try to free himself." Charles Villiers Stanford: *Upon Some Amateurs*, in: *Interludes. Records and Reflections*, London 1922, S. 148–160, hier S. 157.
[69] Siehe die „Rules and Regulations" im Programmheft von 1900 (wie Anm. 61).
[70] John Stephenson im Gespräch mit John Lucas, 1988. John Lucas: *The Genius of Valhalla. The Life of Reginald Goodall*, Woodbridge 2009, S. 44.

nur am Anfang ihrer erfolgreichen Dirigier- bzw. Komponistenlaufbahn standen, in der Folge der zwischen 1883 und 1900 auch die Händel-Festivals leitende August Manns (1892–1895), J. Samuel Liddle (1895–1904), Samuel Coleridge-Taylor (1904–1912),[71] George Henschel (1912–1914), Norman O'Neill und Lennox Clayton (1914–1915) und nach dem Krieg Ralph Vaughan Williams (1919–1921),[72] Eugène Goossens (1921–1925), Julius Harrison (1925–1928), Douglas Hopkins (1928–1934), Guy Warrack (1934–1936) und der später als Wagner-Dirigent berühmt gewordene Reginald Goodall (1936–1939).[73] Zudem arbeitete die Society in der Anfangszeit mit so prominenten Klavier- bzw. Orgelbegleitern wie Walter Parratt, Ebenezer Prout, Arthur Henry Mann und William Hayman Cummings zusammen. Das Ensemble griff also durchaus auf professionelle Unterstützung zurück, auch mit Berufsmusikern als Stimmführern für die Streichergruppen, aber nicht im Chor.[74]

Das erste Konzert der Handel Society, eher in privatem Rahmen, fand 1883 in der meistens für Vorträge genutzten St. Andrew's Hall, Newman Street, statt und wiederholte Auszüge von *Belshazzar* neben der *Water Music*, einer Ouvertüre von Gluck und Chorliedern von Brahms.[75] Ein Jahr später folgte dort ein weiterer Anlass, der nicht den Weg in die Presse fand, aber in Mary Gladstones Tagebuch.[76] Als erstes öffentliches Konzert, nun in der St. James's Hall, gab die Society zum zweihundertsten Geburtstag Händels 1885 eine (gekürzte) Aufführung von *Saul*, das zuletzt 1852 gespielt worden war. Dabei wurde die Ouvertüre unterbrochen und die Nationalhymne gespielt, als die Schirmherren,

---

[71] Vgl. zu einigen Aufführungen in dieser Zeit Jeffrey Green: *Samuel Coleridge-Taylor. A Musical Life*, London 2011.

[72] Die Zusage von Vaughan Williams ist in einem Brief an Webb vom 7. November 1919 überliefert. Zuvor hatte die Society auch bei Adrian Boult und Allen Gill angefragt. Zwei Jahre später übernahm Vaughan Williams die Leitung des Bach Choir. Hugh Cobbe (Hg.): *Letters of Ralph Vaughan Williams 1895–1958*, Oxford 2008, S. 125.

[73] Siehe für die späteren Amtszeiten Elkin: *Queen's Hall* (wie Anm. 59), S. 68.

[74] Vgl. zu der nicht immer harmonischen Symbiose zwischen Amateuren und um ihren Status ringenden professionellen Musikern Paula Gillett: *Ambivalent Friendships: Music-Lovers, Amateurs, and Professional Musicians in the Late Nineteenth Century*, in: Christina Bashford / Leanne Langley (Hg.): *Music and British Culture, 1785–1914. Essays in Honour of Cyril Ehrlich*, Oxford 2000, S. 321–340.

[75] [Anon.]: *The Handel Society*, in: *The Musical Standard* 24/986, 23. Juni 1883, S. 384. In dieser Notiz wurde Constantia Ellicott als Gründerin der Society genannt.

[76] „Handel Society concert at Newman Street, which nearly did for me, the heat and the noise and the standing, not to mention the hideous badness of the performance." Tagebucheintrag von Mary Gladstone, 23. Mai 1884. Schon bei Proben in Balfours Haus betrachtete sie das Orchester kaum wohlwollend, Eintrag 14. März 1883: „[...] and then across to Carlton Gardens for Handel Society Rehearsal, the heat, noise and dust indescribable, orchestra being also present, discordantly rehearsing their parts." Beide zit. nach Masterman (Hg.): *Mary Gladstone* (wie Anm. 20), S. 315 und S. 284.

der Prince und die Princess of Wales, den Saal betraten.[77] Der Einstand wurde in zahlreichen Magazinen besprochen und das Engagement für selten gespieltes Repertoire sowie der Eifer der Beteiligten trafen auf insgesamt wohlwollende Kritiker, die beides als Beleg für die zunehmende Kultivierung von Musik in der breiten Gesellschaft ansahen.[78] In den nächsten Jahrzehnten fuhr die Handel Society mit ihrem Kurs fort, einerseits bei jährlichen privaten, also sozial exklusiven „Invitation Concerts" in der St. James's Hall,[79] andererseits bei öffentlichen Konzerten, vor allem im Royal College of Music und zwischen 1894 und 1925 ebenfalls jährlich in der Queen's Hall, kaum gespielte Oratorien von Händel neben anderem Programm vorzustellen.[80] Noch 1939 fasste die *Times* anlässlich der ersten Aufführung der Handel Society von *Joshua* seit fünfzig Jahren deren von Beginn an verfolgte Parole zusammen: „we may get together and practise a forgotten oratorio even if the performance (given privately) is unlikely to approach perfection."[81] Nach dem Krieg nahm die Vereinigung ihre Aktivitäten nicht wieder auf.

---

[77] [Anon.]: *Music and the Drama*, in: *Glasgow Herald*, 23. Februar 1885, o. S.

[78] Der Chor (von 132 Stimmen, mit 44 Sopran-, 42 Alt-, 16 Tenor- und 30 Bassstimmen allerdings unausgewogen besetzt) wurde gelobt, ebenso die Streicher des 70 bis 80 Personen umfassenden Orchesters (davon 52 Amateure und 24 Frauen). Stärkere Kritik zogen die Vokalsolisten auf sich, allesamt Amateure, die sich allerdings einem fünf Schilling Eintritt zahlenden Publikum stellten. [Anon.]: *The Handel Society*, in: *The Observer*, 22. Februar 1885, S. 7; [Anon.]: *The Handel Society*, in: *The Musical Times* 26/505, 1. März 1885, S. 137f; [Anon.]: *The Handel Society*, in: *The Illustrated Sporting and Dramatic News*, 28. Februar 1885, S. 598; J. S. Shedlock: *Recent Concerts*, in: *The Academy* 27/669, 28. Februar 1885, S. 160. Fünfzehn Jahre später umfasste der Chor 166 Mitglieder (65/45/22/34), das Orchester 101 (dabei von 54 Geigen 42 Frauen), dazu kamen 38 „Non-Performing Members" (darunter Balfour). Siehe die Liste im Programmheft von 1900 (wie Anm. 61).

[79] Bei einem war Bernard Shaw zu Gast: „From the point of view of ventilation my most terrific recent experience has been the concert of the Handel Society, a hospitable body which takes St James's Hall once a year, and invites an overwhelming audience, without reservation of seats. When I entered, the temperature was about two hundred and fifty in the draught; and I deemed myself fortunate in securing an angle of the wall to lean against whilst August Manns, in the centre of a sort of Mahometan paradise of lady violinists, with a trusty professional lurking here and there, mostly in the wind department, was bringing off a very creditable performance of the overture to [Cherubini's] Lodoiska. After this we had an admirable little cantata for band and chorus called The Storm, by Father Haydn, [...]." *The World*, 14. Juni 1893, zit. nach George Bernard Shaw: *Music in London 1890–94, Vol. III*, London 1932, S. 8.

[80] Siehe für eine Übersicht der bis 1900 gespielten Werke (nicht nur Händels) Abb. 4. Laut den *Grove*-Artikeln folgten bis 1908 *Alexander Balus* und *Semele*; bis 1929 seien bis auf *Esther* und *Joseph* alle Oratorien mindestens einmal aufgeführt worden.

[81] [Anon.]: *Handel*, in: *The Times*, 10. Juni 1939, S. 10. Das weitere Repertoire der Saison entsprach dem Standard von Laienensembles mit Sinfonien von Beethoven, Tschaikowsky und Sibelius, dazu kamen *Three Songs of Courage* von George Dyson. [Anon.]: *The Handel Society*, in: *The Musical Times* 80/1151, Januar 1939, S. 61.

MUSIC PERFORMED AT PREVIOUS CONCERTS BY THE
HANDEL SOCIETY.

Handel.
  Athaliah.
  Belshazzar.
  Deborah.
  Hercules.
  Jephtha.
  Joshua.
  Judas Maccabæus.
  Samson.
  Saul.
  Solomon.
  Susanna.
  Theodora.
  Acis and Galatea.
  Alcestis.
  Alexander's Feast.
  Ode on St. Cecilia's Day
  L'Allegro ed il Pensieroso.
  Dettingen Te Deum.
  Dixit Dominus.
  Let God arise.
  Nisi Dominus.
  Praise the Lord.
  My heart is inditing.
  The King shall rejoice
  Zadok the Priest.
  The Ways of Zion.
  Utrecht Jubilate.
  Concerto Grosso in G.
  Organ Concerto in A.
  Organ Concerto in F.
  Water Music.

Bach.
  Der Geist hilft.
  Singet dem Herrn.
  Ein' feste Burg.
  God's time is the best.
  Magnificat.
  Suite in C major.

Beethoven.
  Mass in C.
  The Praise of Music.
  The Ruins of Athens.
  Symphony in C, No. 1.
  Overture to König Stephan.
  Overture to Prometheus.

Brahms.
  Ave Maria.
  Schicksalslied.

Cherubini.
  Overture to Anacreon.
  Overture to Lodoiska.
  Overture to Medea.
  Overture in G major.
  Overture to Der Wasserträger.

Gade.
  Spring's Message.

German.
  Dances from Henry VIII.

Gluck.
  Selections from Alceste.
  Overture to Iphigenia in Aulis.

Goetz.
  By the Waters of Babylon.
  Nœnia.

Gounod.
  Overture to Le Médecin malgré lui

Haydn.
  Mass in B flat.
  Motet, Insanæ et vanæ curæ.
  Der Sturm.
  Military Symphony.
  Symphony in D major.
  Symphony in E flat.

Jensen.
  The Feast of Adonis.

MacCunn.
  Lord Ullin's Daughter

Mendelssohn.
  Lorelei.
  Athalie.
  Pianoforte Concerto in G minor.
  "Fingalshöhle" Overture.
  "Melusine" Overture.
  When Israel.

Mozart.
  Litany in B flat.
  König Thamos.
  Symphony in E flat.
  Symphony in D major (Parisian).
  Symphony in D major (Haffner)
  Pianoforte Concerto in C minor
  Pianoforte Concerto in D minor
  Overture to Cosi fan tutte.
  Overture to Der Schauspiel-Director
  Overture to Idomeneo.
  Overture to Le Nozze di Fagaro.

Parry.
  Blest Pair of Sirens.
  Eton Ode.
  L'Allegro ed il Pensieroso.
  The Glories of our Blood.

Purcell.
  Dido and Æneas.
  Praise the Lord.

Raff.
  Morgenlied.

Rheinberger.
  Clarice of Eberstein.

Schubert.
  Song of Miriam.
  Symphony No. 6.
  Overture to Rosamunde.
  Ballet Music from Rosamunde.
  Overture in the Italian Style.

Schumann.
  Paradise and the Peri.
  Song for the New Year.
  Overture, Scherzo, and Finale.

Somervell.
  The Forsaken Merman.

Spohr.
  Hymn to St. Cecilia.

Stanford.
  Phaudrig Croohore.
  The Revenge.

Svendsen.
  Norwegian Rhapsody, No. 3.

Abb. 4: Übersicht der gespielten Werke nach dem Programmheft von 1900 (wie Abb. 3), © British Library Board, Music Collections e.1395.b.(2.), S. 16

Mit den Oratorienaufführungen profilierte sich die Handel Society zudem von Beginn an durch eine möglichst ‚authentische' Wiedergabe der Partituren, wie schon bei dem von Balfour finanzierten *Belshazzar* 1873: „Most of these works [less-known works of Handel's] have been given, as far as possible, with the original instrumentation, the *Recitativo Secco* being freely accompanied from the figured bass on either the piano or the organ."[82] Zusätzliche Instrumentenstimmen waren anders als etwa bei den Händel-Festivals auch kaum nötig, da das Größenverhältnis von Orchester und Chor ausgewogen war. Bei dem ersten öffentlichen Konzert mit *Saul* 1885 allerdings merkten Kritiker an, dass auch Arien, die von Händel mit *senza organo* markiert worden waren, auf der Orgel als Continuo begleitet wurden und zudem bei anderen Stellen dessen Anweisungen unbeachtet blieben.[83] Nichtsdestotrotz zeigte der Anspruch der Amateurvereinigung, dass die traditionelle englische Aufführungs- und Bearbeitungspraxis, wie sie noch 1902 von Prouts langlebiger, mit verschiedenen Instrumentalstimmen ergänzter *Messiah*-Ausgabe repräsentiert wurde, zunehmend in Zweifel gezogen wurde. Die Anfänge dieses Diskurses datierte Burrows auf die 1890er Jahre,[84] Percy M. Young verwies jedoch auf Personen wie William Cusins, ab 1870 Master of the Queen's Music, den Organisten George Elvey und den Dirigenten (und ersten Präsidenten der Handel Society) Julius Benedict, die bereits in den 1870er Jahren für eine historisch orientierte Wiedergabe von Händels Musik, ohne moderne Zusätze, plädierten.[85] 1894 verantwortete der als Continuospieler mit der Society verbundene Arthur Henry Mann eine möglichst originalgetreue Aufführung des *Messiah* in Cambridge.[86]

Diese Initiativen differenzieren den Eindruck eines erstarrten Händel-Bilds im England des späten 19. Jahrhunderts. Zwischen den entgegengesetzten Polen bloßer Ehrfurcht und wachsender Ablehnung blieb Platz für eine lebendige und innovative Pflege seiner Musik und eines vielfältigen, durch zuvor unbekannte Oratorien sogar wachsenden Repertoires. Dabei kam neben den genannten

---

[82] Webb: *Handel Society* (*Grove* 1906, wie Anm. 63), S. 293.
[83] Shedlock: *Recent Concerts* (wie Anm. 78), S. 160.
[84] Burrows: *Turning the Handel* (wie Anm. 8), S. 22.
[85] Percy M. Young: *The Two Branches of the Handel Movement in Nineteenth Century England*, in: Walther Siegmund-Schultze / Bernd Baselt (Hg.): *Bach-Händel-Schütz-Ehrung der DDR 1985. Bericht über die internationale wissenschaftliche Konferenz „Georg Friedrich Händel – Persönlichkeit, Werk, Nachleben" anlässlich der 34. Händelfestspiele der Deutschen Demokratischen Republik in Halle (Saale) vom 25. bis 27. Februar 1985*, Leipzig 1987, S. 195–199. Cusins befasste sich auch mit Händel-Quellen der Royal Music Library und veröffentlichte *Handel's Messiah. An Examination of the Original and of Some Contemporary MSS.*, London 1874.
[86] Donald Burrows: *Handel: Messiah*, Cambridge 1991, S. 52. Vgl. auch Anm. 52 zu einer früheren ähnlichen Unternehmung von John Hullah.

Namen auch Amateuren und Liebhabern entscheidende Bedeutung zu: Sowohl Balfours Hingabe im privaten Raum für Händels Kammermusik (einschließlich diverser Bearbeitungen für kleine und kuriose Besetzungen) als auch sein Engagement für öffentliche Aufführungen mit der Handel Society stellen in diesem Kontext beachtenswerte Aspekte dar.

Verdeckte Beziehungen
Max Regers Händelrezeption im Umfeld
seines *Konzerts im alten Stil* op. 123

Franziska Reich (Mainz)

Die künstlerische Tätigkeit Max Regers war zeitlebens eng mit einer intensiven Beschäftigung mit Werken anderer Komponisten und dem Rückbezug auf die musikalische Vergangenheit verbunden. Neben den eigenen Kompositionen und der Konzerttätigkeit als Dirigent und Pianist spiegelt sich dies vor allem in seiner umfangreichen Tätigkeit als Bearbeiter und Herausgeber. Obwohl die Werke Johann Sebastian Bachs in den Bearbeitungen bereits hinsichtlich der Anzahl entsprechender Arbeiten[1] eine Sonderstellung einnehmen, gestaltet sich dieser Wirkungsbereich vielseitig. Ebenso vielseitig kann die Motivation für Bearbeitungen und Herausgaben sein. Häufig ergibt sich ihr Zweck aus praktischen oder finanziellen Gründen – für die klangliche Realisation eines Stückes im Konzert und durch eine Anfrage bei oder von einem Verlag. Insofern sind Bearbeitungen „funktionale Musik, zweckbestimmt, von einer speziellen gesellschaftsbezogenen Intention",[2] denn sie dienen vordergründig meist der Verbreitung, besseren Nutzbarkeit oder breiteren Aufführungsmöglichkeit einer Komposition. Ein zentraler Aspekt der Bearbeitungstätigkeit Regers ist zugleich die Aneignung „fremden Stilgutes, [das] Lernen an fremden Vorlagen" und die „Ausbildung handwerklicher Fähigkeiten".[3] Das Bearbeiten erfordert in erster Linie technisch-handwerkliche Verfahren, die von den Zwängen der eigenen kompositorischen Produktion befreien und sich so in seine spezifischen Arbeitsroutinen einfügen. In der hohen Arbeitsbelastung Regers dienten Bearbeitungen oder Schreibarbeiten wie Briefkorrespondenz häufig als Erholungsphasen, die weniger Konzentration benötigten. An solchen konnte er auch während der Konzertsaison und auf Reisen arbeiten – Kompositionen musste er in dieser Zeit hingegen häufig ruhen lassen. Auch seinen Kompositionsschülern riet er wiederholt, während der Ausbildung kompositorische Vorbilder zu kopieren,

---

[1] Siehe hierzu Johannes Lorenzen: *Max Reger als Bearbeiter Bachs,* Wiesbaden 1982, S. 18–25. Im Reger-Werkverzeichnis sind 32 Bearbeitungen sowie herausgegebene Sammlungen und Einzelausgaben mit Werken von Bach verzeichnet. Susanne Popp (Hg.): *Thematisch-chronologisches Verzeichnis der Werke Max Regers und ihrer Quellen,* 2 Bde., München 2010, hier Bd. 2, S. 1189–1260.
[2] Lorenzen: *Max Reger als Bearbeiter Bachs* (wie Anm. 1), S. 60.
[3] Ebd., S. 30.

um „stilistische Souveränität zu erlangen",[4] ermahnte sie zugleich aber nicht blindlings einen Stil zu imitieren, sondern eine eigene Ausdrucksart zu finden. Komposition und Bearbeitung gehören in diesem Sinne zusammen, ihre Grenzen sind fließend, insbesondere wenn die Erfahrungen mit fremden Arbeiten in der eigenen Praxis reflektiert werden. In seiner kompositorischen Arbeit changiert Regers oft spielerischer Umgang mit der musikalischen Vergangenheit zwischen offenkundigen Anspielungen, direkten Zitaten und latenten, kaum eindeutig fassbaren Bezügen.

Doch können bereits auf einer grundsätzlicheren Ebene einfache Begegnungen mit fremden Werken Auslöser für die eigene künstlerische Produktion werden. So berichtet Guido Bagier, dass Reger durch ein Konzert in der Frankfurter Paulskirche Anfang April 1898 zu seinen im selben Monat komponierten *Zwei geistlichen Gesängen* op. 19 inspiriert wurde.[5] Tatsächlich hörte er im Konzert am 1. April das „Passionslied" („In Todes Aengsten") aus Carl Philipp Emmanuel Bachs *Sturms geistliche Gesänge mit Melodien* Bd. 2 Wq 198. Im folgenden Konzert am 5. April, das Reger krankheitsbedingt nicht besuchen konnte, erklangen Rezitativ und Arie „Doch du ließest ihn am Grabe nicht" aus Händels *Messias*. Beide Liedtexte waren jedoch im gemeinsamen Programmheft der Konzerte abgedruckt – Reger griff diese in den folgenden Wochen auf, sodass bis Ende des Monats sein op. 19 Nr. 1 „Passionslied" und Nr. 2 „Doch du ließest ihn am Grabe nicht" in einer ersten Niederschrift vorlagen.[6] Nur vereinzelt treten solche expliziten Verbindungen zu Kompositionen Händels in Regers Arbeit an einer produktiven Oberfläche hervor; sie äußern sich als eher verdeckte Beziehungen weniger deutlich als solche zu anderen Komponisten wie Bach oder Brahms. Nur in einer späteren, kurzen Phase in seinem Wirken wird an mehreren Punkten eine kohärente Beschäftigung mit Händel wahrnehmbar. Die verdeckten Beziehungen zwischen den verschiedenen Arbeiten müssen hier jedoch zunächst offengelegt werden.

Erste Spuren einer vertieften Beschäftigung mit Kompositionen Händels sind zunächst am deutlichsten in Regers Korrespondenz erkennbar. Sie markieren zugleich eine entscheidende Phase in seinem kompositorischen Wirken, die mit einer zunehmenden, gezielten stilistischen Reduktion einherging. Diese

---

[4] Stefan König: *Bezugspunkte: Reger als Lehrer am „europäischen" Konservatorium und der Weg des Sándor [Alexander] Jemnitz*, in: Susanne Popp / Jürgen Schaarwächter (Hg.): *Reger-Studien 8. Max Reger und die Musikstadt Leipzig*, Stuttgart 2010, S. 183–204, hier S. 193.

[5] Guido Bagier: *Max Reger*, Stuttgart/Berlin 1923, S. 47 f.

[6] Max Reger: *Lieder und Chorwerke. Vokalwerke mit Orgelbegleitung und weiteren Instrumenten*, hg. von Alexander Becker / Christopher Grafschmidt / Stefan König, Stuttgart 2019 (= Werkausgabe. wissenschaftlich-kritische Hybrid-Edition von Werken und Quellen II/7), S. XIII.

Entwicklung, deren Anfänge sich zeitlich noch weiter zurückverfolgen lassen, ist eng mit Regers Tätigkeit als Meininger Hofkapellmeister ab Dezember 1911 verbunden und den Möglichkeiten, die die neue Arbeit mit dem Orchester für seine kompositorische Weiterentwicklung bot.[7] Drei Arbeiten, die unterschiedliche Bereiche in Regers Wirken abdecken, sind in diesem zeitlichen Kontext konkret auf Händel bezogen und lassen zugleich einen wechselseitigen Zusammenhang annehmen.

Zeitlich bereits mit Meiningen verbunden ist eine Generalbassaussetzung zu Händels *Concerto grosso* op. 3 Nr. 1 sowie eine praktische Bearbeitung der Partitur, die Reger bis zum Juli 1911 erarbeitet hatte und Anfang 1912 bei Breitkopf & Härtel veröffentlichte. Kurz darauf, im März 1912, kündigte er seinem Meininger Dienstherren Herzog Georg II. von Sachsen-Meiningen ein neues Orchesterwerk als „Concert für Orchester im alten Styl" an, mit dem er „wieder eine alte wundervolle Form beleben werde, die seit Händel ‚Concerti grossi' Bach's 6 Brandenburgischen Concerten nicht mehr ‚bebaut' worden ist".[8] Das Mitte Mai fertiggestellte *Konzert im alten Stil* op. 123 widmete er dem Herzog und führte es im selben Jahr noch mindestens achtmal auf.[9]

Dem ging bereits Anfang 1910 ein Kammermusikkonzert im Leipziger Gewandhaus voraus, das, wie Regers Korrespondenz zeigt, im weiteren Kontext der Bearbeitung und der neuen Komposition betrachtet werden muss. Noch gegen Anfang des Monats forderte Reger für das Konzert am 29. Januar 1910 von Breitkopf & Härtel das „Kammertrio No 3 in Esdur für 2 Oboen, Cello mit Cembalobegleitung von Händel in Bearbeitung von Max Seiffert"[10] an. Nur drei Tage später meldete Reger sich bereits mit einigen kritischen Anmerkungen zur erhaltenen Ausgabe der Triosonate Es-Dur HWV 382 an den Verlag zurück. Im „Alla breve Satz", so Reger in seinem direkten Schreiben, befänden sich

---

[7] Vgl. Michael Schwalb: *Zufall und Schicksal – Zur Entstehung von Regers Meininger Orchesterwerken,* in: Almuth Ochsmann (Hg.): *Mitteilungen der Internationalen Max-Reger-Gesellschaft* 14, 2007, S. 10–14, hier S. 10.

[8] Brief Regers an Herzog Georg II. von Sachsen-Meiningen vom 6. März 1912; Max Reger: *Briefwechsel mit Herzog Georg II. von Sachsen-Meiningen,* hg. von Hedwig/Erich Hermann Müller von Asow, Weimar 1949, S. 140 f. Auf eine spätere Nachfrage des Herzogs („Welchen alten Stil meinen Sie?") antwortete Reger nur mit Bezug auf Bach: „Was nun den Stil des Werkes betrifft, so ist derselbe so ähnlich wie z. B. Bach's ‚Brandenburgische Concerte'" (Briefe vom 26. und 29. April 1912; ebd., S. 202 und 208).

[9] Ottmar Schreiber/Ingeborg Schreiber: *Max Reger in seinen Konzerten,* 3 Bde., Bonn 1981, hier Bd. 2, S. 402–408.

[10] Brief Regers an Breitkopf & Härtel vom 11. Januar 1910; Universitäts- und Landesbibliothek Darmstadt, Musikabteilung. Siehe zur Konzertplanung auch die Briefe an Reinhold Anschütz, Mitglied der Gewandhaus-Konzertdirektion, zwischen Oktober und Dezember 1909 (Städtische Bibliotheken Leipzig, Musikbibliothek).

„recht böse Schnitzer [...], die Herrn Professor Dr. Seiffert bei der Ausarbeitung der Cembalostimme nicht passieren durften! Es sind da Quinten allerschlimmster Sorte, die man jedem Harmonieschüler ganz gehörig anstreicht. Für jeden Fall müssen Sie diese Fehler alle in den noch vorhandenen Exemplaren dieser Auflage dieses Trios handschriftlich verbessern lassen, wenn Sie nicht wollen, daß der Musiker stillvergnügt lächelnd sich diese Stellen betrachtet.
Ich hoffe, Sie werden diese Zeilen richtig verstehen: als einen Vorschlag zur Verbesserung Ihrer Ausgabe."[11]

Am Ende seines Briefes benennt er konkret drei Stellen mit Seiten- und Taktangaben, die er in der Aussetzung als fehlerhaft bewertet.[12] Ob der Verlag auf diese Hinweise reagierte, ist unklar, da kein Antwortschreiben überliefert ist – Reger bewahrte solche in der Regel nicht auf. Der deutliche Seitenhieb in der Betonung des Musikers, dem die misslungenen Stellen unmittelbar auffallen würden, muss hier weniger als Bekenntnis zu einer bestimmten Bearbeitungspraxis, sondern vielmehr als Abgrenzung einer praktischen gegenüber einer wissenschaftlichen Perspektive gelesen werden. Denn Reger hatte sich auch öffentlich wiederholt mit mehr oder weniger ironisch formulierten Spitzen gegen die „Schriftgelehrten"[13] (Kritiker und Theoretiker) gewandt. Vor allem in seinem Anfang September 1907 in Zusammenhang mit der öffentlich ausgetragenen Kontroverse um Felix Draesekes Streitschrift *Die Konfusion in der Musik*[14] veröffentlichten Artikel *Offener Brief* ist diese Tendenz deutlich greifbar.[15] Obwohl Seiffert durchaus als Pianist und Cembalist in Konzerten auftrat, stellt Reger den Musikforscher hier in Opposition zur eigenen künstlerischen Position. Dabei waren sich die beiden keineswegs unbekannt. Bereits 1894 hatten sie sich über ihre Mitarbeit in Otto Lessmanns *Allgemeiner Musikzeitung* kennengelernt – Seiffert war seit 1891 als freier Musikschriftsteller tätig. Zwischen 1904 und 1911 trafen sie sich außerdem wiederholt bei ihrem gemeinsamen Freund Karl Straube in Leipzig.[16]

---

[11] Brief Regers an Breitkopf & Härtel (Oskar von Hase) vom 14. Januar 1910; SächsStA-L, 21081 Breitkopf & Härtel, Mappe 4710/4.
[12] Es handelt sich um Quintparallelen im zweiten Satz (Seite 5) Takt 10/11 und der entsprechenden Stelle (Seite 9) Takt 89/99 sowie der falschen Auflösung des Septakkords (Seite 8) Takt 74/75 (ebd.).
[13] Max Reger: *Offener Brief*, in: *Die Musik* 7, 1907, Heft 1, S. 10–14, hier S. 10.
[14] Felix Draeseke: *Die Konfusion in der Musik*, in: *Neue Musik-Zeitung* 28 (Nr. 1), 4. Oktober 1906, S. 1–7. Für eine Darstellung der Diskussion und Regers Beteiligung in ihr siehe Susanne Shigihara (Hg.): *„Die Konfusion in der Musik". Felix Draesekes Kampfschrift von 1906 und ihre Folgen,* Bonn 1990.
[15] Reger: *Offener Brief* (wie Anm. 13), S. 10–14.
[16] Fritz Stein: *Max Reger und Max Seiffert,* in: *Musica* 12, Mai 1958, Heft 5, S. 259–261, hier S. 259f. Es sind nur zwei Briefe Regers an Seiffert überliefert, vom 10. Mai 1894 und vom

In diesem Kontext ist es auffällig, dass Breitkopf & Härtel sich nur etwa fünf Jahre nach Erscheinen einer ersten von Seiffert vorgelegten Bearbeitung von Händels *Concerto grosso* op. 3 Nr. 1 bereits für die Herausgabe einer neuen Bearbeitung desselben entschied. Die 1907 veröffentlichte frühere Ausgabe des Concerto basierte auf Friedrich Chrysanders Gesamtausgabe,[17] deren Notentext Seiffert, wie er im Vorwort der Bearbeitung betont, „nach den Quellen revidiert für den praktischen Gebrauch"[18] vorlegte, ohne diese Quellen jedoch näher zu benennen. Darüber hinaus unterscheide sich sein Versuch, „diese prachtvollen und inhaltsreichen Konzertmusiken unserem öffentlichen Kunstleben wieder als Besitztum zuzuführen", von den übrigen „recht spärlichen Versuchen […] hauptsächlich durch die Ausarbeitung der beiden Cembalo-Begleitungen, die in Händelschem Sinne als fester Grund und sicherer Halt für die beiden Orchesterhälften unbedingt erforderlich sind."[19] Im Rahmen einer praktischen Reihe zu Händels gesamter Orchester- und Kammermusik nach der Ausgabe Chrysanders veröffentlichte Seiffert bei Breitkopf & Härtel um 1907 die Partiturausgaben aller *Concerti grossi* op. 3. Die Reihe wurde durchaus positiv rezensiert, so schrieb der gemeinsame Freund Straube eine wohlwollende Besprechung zu Seifferts Ausgabe von Händels Orgelkonzerten Nr. 2 und 4, in der er besonders die „historische[] Basis" der Bearbeitung betont:

„Seiffert behält das originale Händelsche Orchester bei und hat des weiteren die melodischen Linien der Orgelstimme nach den Gesetzen der alten Spieltechnik, wie sie aus den Werken Händels und seiner Vorgänger sich ergibt, ausgezogen. Das sind Bearbeitungsfragen, die der Durchschnittsmusiker mit dem sicheren Instinkt der Unwissenheit zu umgehen liebt. So etwas nennt er historische Kleinkrämerei – und doch, wie viel könnte mancher deutsche Musikant von einem solchen Historiker lernen!"[20]

---

29. Dezember 1909, die jedoch eine gewisse Vertrautheit erkennen lassen; Max-Reger-Institut Karlsruhe, Ep. Ms. 428 und 439.

[17] Georg Friedrich Händel: *Instrumental-Concerte*, hg. von Friedrich Chrysander, Leipzig 1865 (= Georg Friedrich Händels Werke Lfg. 21), S. 3–60.

[18] Georg Friedrich Händel: *Concerto grosso No. 1. Op. 3 No. 1. Bearbeitet von Max Seiffert*, Leipzig 1907. Seiffert hatte 1902 die letzten Bände der Chrysander-Ausgabe aus dessen Nachlass herausgegeben und ihr somit zum Abschluss verholfen. Wolfgang Hirschmann: *„… damit auch kein einziger Thon von diesem vortrefflichen Mann verlohren gehen möchte". Die Editionen der Werke Georg Friedrich Händels*, in: Reinmar Emans / Ulrich Konrad (Hg.): *Musikeditionen im Wandel der Geschichte*, Berlin 2015, S. 197–226, hier S. 207.

[19] Händel: *Concerto grosso No. 1. Bearbeitet von Max Seiffert* (wie Anm. 18), Vorwort.

[20] Karl Straube: *G. F. Händel: Orgelkonzerte No. 2 und No. 4. Auf Grund von Fr. Chrysanders Gesamtausgabe der Werke Händels nach den Quellen revidiert und für den praktischen Gebrauch bearbeitet von Max Seiffert. Verlag: Breitkopf & Härtel, Leipzig*, in: *Die Musik* 6, 1906/1907, Heft 23, S. 308.

Auch über diese konkrete Ausgabe hinaus lobt Straube insgesamt „die dynamischen und agogischen Bezeichnungen, wie sie in seinen [i. e. Seifferts] Bearbeitungen der ‚Orgelkonzerte' und ‚Concerti grossi' zu finden sind."[21]

Bereits 1912 erschien im Verlag die zweite praktische Bearbeitung des Concerto von Reger, die ohne ein Vorwort gedruckt wurde.[22] Zwar waren die Partiturausgaben Seifferts bei der Erarbeitung des Bandes in der Hallischen Händel-Ausgabe 1958, wie Frederick Hudson schreibt, „vergriffen und nur vom Verlag auszuleihen",[23] doch kann dies 1912 kaum der Grund für eine neuerliche Bearbeitung gewesen sein. Noch 1929 führte Breitkopf & Härtel in einem Verzeichnis der im Verlag erschienenen Orchestermusik beide Bearbeitungen des Concerto nebeneinander auf.[24] Auch die Gestaltung der Titelseiten setzt die Ausgaben einander gleich (Abbildung), denn sie unterscheiden sich unter Beibehaltung der Graphik und aller typographischen Merkmale nur durch die Ersetzung des Namens, der Zählung „No. 1" durch „Nr. 1" sowie durch den Vermerk der jeweiligen Nummer in der Partitur-Bibliothek. Ihrem Ursprung gemäß trug Seifferts Bearbeitung die Plattennummer „H. W. 21 1*" in Anlehnung an die Chrysander-Ausgabe (H. W. 21.). Folglich ist auch Regers Ausgabe als Teil der Reihe *G. F. Händel's Werke für Orchester* betitelt und in den unmittelbaren Kontext von Seifferts Bearbeitungsreihe gestellt.

Aufgrund der eher zurückhaltenden Bearbeitungstechnik, die sich hauptsächlich auf eine Aussetzung des Generalbasses und eine ausführlichere Bezeichnung auf Ebene der Vortragsschicht ohne grundsätzlichere, tiefgreifende Eingriffe beschränkt, wurde Regers Ausgabe mehr als ein von ihm herausgegebenes Werk und nicht als eine Bearbeitung gewertet.[25] Reger selbst verwendete

---

[21] Ebd.
[22] Georg Friedrich Händel: *Concerto grosso Nr. 1. Op. 3 No. 1. Bearbeitet von Max Reger*, Leipzig 1912. Das Fehlen eines Vorwortes bemängelte Ernst Neufeldt kurz nach Erscheinen der Ausgabe: „Ein Wunsch aber bliebe doch noch offen. In diesem wie in den meisten solchen Fällen. Damit auch nicht der geringste Irrtum, die kleinste Unklarheit entstehen könnte, sollte jede solche Ausgabe ein Vorwort haben, worin ganz kurz klargelegt wird, was Original, was Arbeit des Herausgebers ist. Nicht alle wissen das sofort abzuschätzen." Ernst Neufeldt: *G. F. Händel: Concerto grosso No. 1, B-dur [op. 3, No. 1] für Orchester. Bearbeitet von Max Reger. Verlag: Breitkopf & Härtel, Leipzig [Partitur Mk. 3.–]*, in: *Die Musik* 11, [1911/12], Heft 22 [2. Augustheft], S. 248–249, hier S. 248.
[23] Georg Friedrich Händel: *Sechs Concerti grossi opus 3*, hg. von Frederick Hudson, Kassel 1959 (= HHA IV,11), S. XI.
[24] [Anon.]: *Orchestermusik: Vollständiges Verzeichnis der Orchesterwerke aus Breitkopf & Härtels Partitur- und Orchesterbibliothek*, Leipzig 1929, S. 7.
[25] In seinen Bearbeitungen veränderte Reger „nur selten und eher in frühen Jahren [...] die Substanz, nämlich die eigentlichen Noten eines Werkes". Roman Brotbeck: *Zum Spätwerk von Max Reger: fünf Diskurse*, Zürich 1988, S. 66; siehe auch Lukas Näf: *Aspekte der Rezeption im 19. und 20. Jahrhundert – eine Einführung*, in: Hans Joachim Marx (Hg.): *Händels Ins-*

Verdeckte Beziehungen 57

Abb.: G. F. Händel, *Concerto grosso* op. 3 Nr. 1, in den Ausgaben von Seiffert und Reger, Titelseiten

die Bezeichnungen ‚Bearbeitung' und ‚Ausgabe' gleichermaßen ohne eine bestimmte Konsequenz.[26] Tatsächlich fällt in der Ausgabe zunächst die Ergänzung von dynamischen und agogischen Vortragsangaben sowie von Tempo- und Ausdrucksvorschriften ins Auge. Für seine sonst differenzierte, zuweilen auch überbordende Auszeichnungspraxis eher zurückhaltend gestaltet, trägt die Vortragsebene dennoch deutlich Regers Handschrift. Die teils kleingliedrige dynamische Differenzierung, wie sie bereits die ersten drei Takte der beiden Oboenpartien auszeichnet, veranschaulicht dies treffend: *p, pp, p grazioso* (Notenbeispiel 1).[27]

---

trumentalmusik, Laaber 2009 (= Das Händel-Handbuch 5), S. 531–549, hier S. 553. Im Reger-Werkverzeichnis wird die Ausgabe des *Concerto grosso* nicht als „Bearbeitung", sondern als „Herausgabe" bezeichnet. Popp: *Thematisch-chronologisches Verzeichnis der Werke Max Regers und ihrer Quellen* (wie Anm. 1), Bd. 1, S. 41* und Bd. 2, S. 1291–1293.

[26] Brotbeck: *Zum Spätwerk von Max Reger* (wie Anm. 25), S. 66.

[27] „Reger wäre nicht Reger, wenn er nicht auch in einem solchen Werk der Vorklassik eindeutige Dokumentationsspuren seiner Bearbeitertätigkeit hinterlassen hätte, wozu man bloß die erste Seite der 1912 erschienenen Partitur mit den beiden Oboenpartien […] zu sehen braucht." Schreiber: *Max Reger in seinen Konzerten* (wie Anm. 9), Bd. 1, S. 178.

Bsp. 1: G. F. Händel, *Concerto grosso* op. 3 Nr. 1, in den Ausgaben von Seiffert und Reger, erste Notenseite

Verdeckte Beziehungen 59

In mehrerer Hinsicht unterscheiden sich die Bearbeitungen Seifferts und Regers entscheidend. So fertigte Reger im Gegensatz zu Seiffert eine Aussetzung des Continuo-Parts für nur einen Generalbassspieler an. In seinem Vorwort begründet Seiffert die Stimmenaussetzung für ein Cembalo principale und ein Cembalo ripieno kurz aber prägnant: „Es ist Corellis Praxis, die Händel einfach übernommen hat; an ihr müssen wir festhalten, wenn anders die volle Wirkung dieser Konzerte erzielt werden soll."[28] Diese recht allgemein dargelegte These zur Besetzung der *Concerti grossi* konnte Frederick Hudson in seiner Edition im Rahmen der Hallischen Händel-Ausgabe detaillierter ausführen.[29] Für die praktische Umsetzung räumt Seiffert zwar bei entsprechenden Aufführungsumständen die Ausführung des Continuo-Parts durch einen Generalbassspieler ein, entscheidet sich zugleich aber gegen eine gesonderte Aussetzung für diese Besetzung:

> „In allen Fällen, wo es räumlicher oder anderer Verhältnisse wegen durchaus unmöglich ist, zwei Flügel (von denen man übrigens die Deckel gänzlich abnehmen wolle) aufzustellen, ist wenigstens einer immer noch richtiger als keiner. Der jeweilige Generalbaßspieler wird dann versuchen müssen, an den Tutti-Stellen die beiden Akkompagnements möglichst zu vereinigen. Für einen geübten Spieler liegt darin keine Schwierigkeit; von einer eigenen Ausarbeitung der Klavierpartie für diesen besonderen Fall glaubte ich deshalb absehen zu dürfen."[30]

Ein so eigenverantwortlicher Umgang der zeitgenössischen Praxis mit dem gedruckten Notentext scheint nicht nur für den Praktiker Reger keineswegs vorausgesetzt. Auch Ernst Neufeldt hebt in seiner Rezension der Ausgabe gerade diesen Aspekt in Regers Bearbeitung hervor. Der Bedarf einer praktikablen Einrichtung begründe sich gerade darin, dass sie den Musiker stärker in der Interpretation führt und ihm Hilfestellung gibt, ohne ihn dabei einzuschränken.

> „Es ist noch gar nicht so lange her […], da war ich Ohrenzeuge einer sehr merkwürdigen Händelaufführung. Einer der bedeutendsten Dirigenten, die wir seit Mottls und Mahlers Tode noch haben […], führte seinen Abonnementsstammgästen eines der Concerti grossi Händels vor. […] Hatte er Füllstimmen eingezogen oder brachte

---

[28] Händel: *Concerto grosso No. 1. Bearbeitet von Max Seiffert* (wie Anm. 18), Vorwort.
[29] „In Zusammenarbeit mit Dr. Redlich [i.e. Hans Ferdinand Redlich] gelang dem Verfasser der Nachweis, daß Händel wirklich zwei Cembali in seinen Concerti grossi benutzt hat. In den Kritischen Berichten zu Opus 6 und Opus 3 behandeln beide Herausgeber dieses Problem ausführlich. Aus den genannten Werkgruppen sowie Opus 4 geht hervor, daß ein Cembalo als Begleitung des Concertino und ein zweites für das Ripieno üblich waren, die sich im Tutti miteinander verbanden." Händel: *Sechs Concerti grossi opus 3*, hg. von Frederick Hudson (wie Anm. 23), S. XI. Die Verwendung zweier Cembali beschränkt sich in op. 3 nach Hudsons Einschätzung auf die Concerti 1, 2 und 6 (ebd., Kritischer Bericht, S. 56).
[30] Händel: *Concerto grosso No. 1. Bearbeitet von Max Seiffert* (wie Anm. 18), Vorwort.

er einen Flügel als Continuoinstrument herbei? [...] Er tat keines von beiden. Als braver deutscher Musikant ohne Furcht und Tadel spielte er – was in der Partitur stand. [...] Noch höre ich all die sperrigen leeren Stellen, noch klingen mir die hohlen herzlosen Quinten ins Ohr, mit denen die Sätze schlossen. [...] Aber daß Derartiges heute überhaupt noch möglich ist, das allein schon müßte zur Evidenz die Notwendigkeit solcher Ausgaben wie der vorliegenden erweisen. Regers Arbeit schließt sich seinen früheren Bearbeitungen einiger Bachscher Orchesterwerke an. Man kann sie durchaus gutheißen. Er hat Tempi, dynamische Zeichen, Phrasierung hinzugefügt, den Cembalopart ausgesetzt, alles diskret und ohne Übertreibung."[31]

Nicht unüblich für Regers Bearbeitungspraxis, stand auch die Ausgabe von Händels *Concerto grosso* im Zusammenhang mit seinem öffentlichen Konzertieren.[32] Die für seine erste Saison als Meininger Hofkapellmeister bereits fertiggestellte Bearbeitung bot er Breitkopf & Härtel im Juli 1911 zum Druck an. Der Verlag entschied sich nicht nur für eine Veröffentlichung der ausgesetzten Continuostimme, sondern druckte die vollständige Bearbeitung.[33] Gegenüber Herzog Georg II. sprach Reger im selben Monat von einer „gewissermaßen ‚meiningsche[n]' Bearbeitung der Partitur".[34] Seine Begründung, er habe die Generalbassaussetzung angefertigt, um „eine möglichst historisch getreue Wiedergabe des Werkes zu ermöglichen",[35] muss vorwiegend auch als Bemühung um das Wohlwollen seines Vorgesetzten gelesen werden.

Als Vorlage für seine Bearbeitung diente Reger ein Druck, den er in der Bibliothek der Meininger Hofkapelle vorgefunden hatte. In den Band, um dessen anschließende Rücksendung er Breitkopf & Härtel bat, hatte er „da ein Zeichen [...] gelegt, wo der Stich beginnen soll".[36] Sowohl die handschriftliche Continuostimme als auch die Meininger Partitur mit Regers Eintragungen gelten heute als verschollen. Beim zugesandten Band handelte es sich jedoch nicht

---

[31] Neufeldt: *G. F. Händel: Concerto grosso No. 1, B-dur* (wie Anm. 22), S. 248. Bereits im März des Jahres hatte Neufeldt in *Die Musik* einen Artikel zur Aufführungspraxis alter Musik veröffentlicht, in dem er sich hauptsächlich zu Fragen einer angemessenen Instrumentation äußert. Ernst Neufeldt: *Zur Frage der Aufführung alter Musik*, in: *Die Musik* 11, [1911/12], Heft 11 [1. Märzheft], S. 278–283.

[32] Siehe Lorenzen: *Max Reger als Bearbeiter Bachs* (wie Anm. 1), S. 65 f.

[33] „heute sende ich Ihnen anbei die Continuostimme zum 1. Concerto grosso von Händel! Würden Sie Sich dafür interessieren, diese Stimme zu drucken? [...] Oder wollen Sie meine Bearbeitung dieses Concerto bringen; ich habe die Partitur ganz genau bearbeitet; es müßte nur gestochen werden" (Brief Regers an Breitkopf & Härtel vom 6. Juli 1911; SächsStA-L, 21081 Breitkopf & Härtel, Mappe 4710/4).

[34] Brief Regers an Herzog Georg II. von Sachsen-Meiningen vom 14. Juli 1911; Reger: *Briefwechsel mit Herzog Georg II. von Sachsen-Meiningen* (wie Anm. 8), S. 35.

[35] Ebd.

[36] Brief Regers an Breitkopf & Härtel vom 9. Juli 1911; Wiesbaden, Archiv Breitkopf & Härtel. Siehe auch den Brief Regers an Breitkopf & Härtel vom 6. Juli 1911 (ebd.).

um Seifferts Ausgabe; die neuerliche Bearbeitung kann demnach nicht als eine Revision derselben bewertet werden.[37] Bereits im Januar 1912 – der Druck war gerade frisch eingetroffen – brachte Reger seine Bearbeitung innerhalb kurzer Zeit im IV. Abonnementkonzert der Meininger Hofkapelle dreimal zur Aufführung.[38] Die wahrscheinliche Besetzung dieser Aufführungen wird anhand der Notenbestellung an den Verlag ersichtlich, in der Reger von seiner Bearbeitung eine Partitur, von den Streicherstimmen je fünf I. Violinen, vier II. Violinen, drei Violen, drei Celli und zwei Kontrabässe, sowie die Continuo- und alle Bläserstimmen je einfach anfordert.[39] Regers Streicherbesetzung war somit offenbar größer als von Seiffert in seiner Ausgabe vorgeschlagen.[40]

Im Kontext der an der Triosonate Es-Dur HWV 382 zuvor bemängelten Generalbassaussetzung Seifferts wäre es naheliegend, in der Neuausgabe Regers eine praktisch ausgeführte Kritik zu vermuten, die insgesamt als Abgrenzung gegenüber einer musiktheoretischen Perspektive der Seiffert'schen Ausgaben verstanden werden kann. Bereits auf den ersten Blick wird hingen deutlich, dass Regers Ausgabe in den interpretatorischen Zusätzen zurückhaltender gestaltet ist. Neben der abweichenden Continuo-Aussetzung für ein oder zwei Cembali, unterscheiden sich die Ausgaben formal vor allem hinsichtlich ihrer Satzbezeichnungen. Den bei Chrysander ohne genauere Differenzierung gedruckten dreisätzigen Concerto-Typus (schnell – langsam – schnell) ergänzte Seiffert durch Satzbezeichnungen und Metronomangaben: *Allegro moderato* (♩ = 100.), *Largo* (♩ = 63.), *Allegro* (♩ = 92.).[41] Den tempoabschwächenden Metronomangaben Seifferts entsprechend, bezeichnet Reger die Satztempi mit *Allegro – Grave – Moderato* im zweiten und dritten Satz langsamer.

---

[37] Darauf kann unter anderem anhand der brieflichen Mitteilungen geschlossen werden. So verweisen Regers Angaben zur gewünschten Partituranordnung auf eine abweichende in der Druckvorlage: „dann müßten die 2 Fagotte nicht mit Cello u Bässen notiert werden, sondern unter die Oboen; die Continuostimme müßte unter die Contrabässe gestochen werden" (Brief Regers an Breitkopf & Härtel vom 6. Juli 1911; SächsStA-L, 21081 Breitkopf & Härtel, Mappe 4710/4). Zumindest nicht eindeutig auszuschließen ist, dass es sich möglicherweise um die Chrysander-Ausgabe handelte.

[38] Am 13. und 14. Januar in Eisenach und Hildburghausen sowie am 16. Januar in Meiningen. Schreiber: *Max Reger in seinen Konzerten* (wie Anm. 9), Bd. 2, S. 385 f.

[39] Briefe Regers an Breitkopf & Härtel vom 25. November und 1. Dezember 1911; Wiesbaden, Archiv Breitkopf & Härtel.

[40] Er sah in der „Orchesteraufstellung […] nach Quanzens Andeutungen" neben dem Concertino (Violine I, II, Violoncello) im Ripieno sechs erste Violinen, sechs zweite Violinen, vier Bratschen, zwei Violoncelli und zwei Kontrabässe vor. Händel: *Concerto grosso No. 1. Bearbeitet von Max Seiffert* (wie Anm. 18), Vorwort.

[41] Ohne Metronomangaben entspricht die Hallische Händel-Ausgabe dieser Bezeichnung mit *Allegro – Largo – Allegro* weitgehend. Händel: *Sechs Concerti grossi opus 3*, hg. von Frederick Hudson (wie Anm. 23), S. 3, 13 und 19.

Die ausführliche Einrichtung Seifferts ist in vielen Passagen in einer deutlich detaillierteren Vortragsbezeichnung ersichtlich. Entgegen dieser verwendet Reger Artikulationszeichen sowie Legato- und Phrasierungsbögen besonders im ersten und letzten Satz nur sehr behutsam und setzt sie überwiegend für die Differenzierung von Solostellen ein. Insbesondere Phrasierungs- und Legatobögen dienen ihm hier für eine sinnvolle Gliederung von Sequenzketten in den Bläserstimmen. Entgegen einer gliedernden Tendenz in größeren Zusammenhängen bei Reger, bezeichnet Seiffert die Artikulation (auch in den Ripienotutti-Partien) umfangreicher und in einer zugleich kleinteiligeren Phrasierung (Notenbeispiel 2). Ähnlich zeigt sich das Verhältnis in der genaueren Ausdifferenzierung der bereits in der Vorlage vorhandenen Klanggruppendynamik. Auch hier äußert sich die dynamische Feinarbeit Regers in einem differenzierten Gesamtkonzept, in dem er beispielsweise Sequenzgänge plastisch und abwechslungsreich modelliert und kleine Phrasen und Motive durch kurze crescendo-/decrescendo-Bewegungen herausarbeitet (siehe bspw. die Takte 11–14 im ersten Satz, Notenbeispiel 3).[42] Ein noch größeres Gewicht gibt Reger diesen Parametern der Gestaltung im zweiten, langsamen Satz. Zu Beginn der Holzbläsereinleitung, deren fakultativ auszuführende Generalbassaussetzung weitgehend jener Seifferts entspricht, schaffen die Phrasierungsbögen der beiden Flötenstimmen eine „abwechslungsreiche, auftaktige Interpunktion, die einen plastischen Kontrast zur Gliederung der Baßstimme schafft"[43] (Notenbeispiel 4).

Obgleich beide Generalbassaussetzungen ebenso zurückhaltend gestaltet sind, ist jene Seifferts im direkten Vergleich ausschmückender gearbeitet. Bereits die Bearbeitung für zwei Cembalostimmen bringt vor allem an den Übergängen zwischen Ripieno und Tutti satztechnische Konsequenzen mit sich. Dabei entschied Seiffert sich, die Bassbezifferung in der Ausgabe nicht mit abzudrucken. Ihre Nutzbarkeit wird hierdurch deutlich eingeschränkt, da somit eine kritische Überprüfung der Aussetzung und ein freierer Umgang mit dem Drucktext erschwert ist. Für die Ausstattung seiner Ausgabe setzte Reger den Druck der Bezifferung hingegen explizit voraus. Wohl auf Rückfrage des Verlags teilte er Breitkopf & Härtel im Juli 1911 mit, dass die „Bezifferung der Cembalostimme (Händelconcert) [...] in der Partitur selbst gestochen werden" muss und „auch in der Cembalostimme für sich mitten (wie im Manuskript)."[44] Seine Continuostimme orientiert sich genau an der Bezifferung, nur an wenigen Stellen fügt Reger kleine Ausfigurierungen ein, wie mit der zum Solo von Violine und Oboe

---

[42] Vgl. Joachim Niebel: *Die Bearbeitungen Max Regers. Untersuchungen zu einem Phänomen zwischen Komposition und Interpretation* [Diss.], Tübingen 1995, S. 258 f.
[43] Ebd., S. 259.
[44] Brief Regers an Breitkopf & Härtel vom 12. Juli 1911; Universitäts- und Landesbibliothek Darmstadt, Musikabteilung.

Bsp. 2: G. F. Händel, *Concerto grosso* op. 3 Nr. 1, oben Ausgabe Seifferts, unten Ausgabe Regers, erster Satz, T. 44–47

Verdeckte Beziehungen 65

Bsp. 3: G. F. Händel, *Concerto grosso* op. 3 Nr. 1, in der Ausgabe Regers, erster Satz, T. 11–13

Bsp. 4: G. F. Händel, *Concerto grosso* op. 3 Nr. 1, in der Ausgabe Regers, Beginn des zweiten Satzes

Bsp. 5: G. F. Händel, *Concerto grosso* op. 3 Nr. 1,
in der Ausgabe Regers, erster Satz, T. 40–42

analogen Sechzehntelbewegung in den Takten 40–42 im ersten Satz (Notenbeispiel 5), oder einer entsprechenden Auszierung in der fakultativen Begleitung der Takte 12–16 im dritten Satz. Beide Bearbeiter beziehen in solche Figurationen der Generalbassaussetzung die melodischen Linien der übrigen Stimmen mit ein. Ein Beispiel für die im Detail dennoch unterschiedliche Gestaltung solcher Stellen bieten die Takte 29–33 sowie die analogen Takte 53–55 und 67–71 im ersten Satz (Notenbeispiel 6). Sowohl Seiffert als auch Reger greifen in der rechten Hand die Melodielinie der Oboenstimmen und der I. Bratsche, bzw. der I. und II. Violine auf. Während Reger diese jedoch in Rhythmus, Tempo und Ausdruck jenem der anderen Stimmen in identischem Spiel klar anpasst – deutlich zeigt dies die übereinstimmende Pausensetzung in der rechten Hand –, ist die Melodielinie der rechten Hand bei Seiffert vor allem durch größere Bewegung und das gleichzeitige Spiel des zweiten Cembalo stärker verdeckt. Dieser allgemein zu beobachtenden Tendenz einer stärker bewegten rechten Hand in Seifferts Aussetzung folgt Reger nicht. Seine Bearbeitung zeigt zwar eine ebenfalls auf künstlerische Elemente ausgerichtete Generalbassaussetzung, ohne jedoch eine zurückhaltende Begleitform gänzlich aufzugeben. In einer dezenten Emanzipation bleibt die Continuostimme Begleitinstrument. Seine Aussetzung legt dabei die Verantwortung für die Begleitung stärker noch in die Hände der Ausführenden – sie muss mehr als eine Möglichkeit denn als inter-

Bsp. 6: G. F. Händel, *Concerto grosso* op. 3 Nr. 1, oben Ausgabe Seifferts, unten Ausgabe Regers, erster Satz, T. 29–33

pretierende Festlegung verstanden werden. Die Ausgabe Regers scheint damit zwei Grundtendenzen zu vereinen: eine erprobte Einrichtung der Komposition für den praktischen Gebrauch einerseits, die dem Interpreten andererseits eine Interpretationshilfe an die Hand gibt, die sich nicht mit umfangreichen Festlegungen aufdrängt.

Angeregt durch die Arbeit mit der Meininger Hofkapelle komponierte Reger kurze Zeit später, im April und Mai 1912, das *Konzert im alten Stil* op. 123, das als erste Meininger Komposition eine signifikante stilistische Wandlung einleitete. Die Entscheidung für eine Bearbeitung und Aufführung von Händels *Concerto grosso* in seiner ersten Konzertsaison mit dem Orchester muss im Kontext dieser unmittelbar folgenden Kompositionsarbeiten wahrscheinlich auch vor dem Hintergrund einer didaktischen Komponente betrachtet werden. Dass Reger die Stelle als Dirigent in Meiningen nicht primär aufgrund ihres Renommees, sondern bereits mit dem Ziel antrat, die eigenen kompositorischen Fähigkeiten zu verfeinern und weiterzuentwickeln, reflektierte er fast zwei Jahre später ausdrücklich in einem Brief:

> „Ich habe ja meine Meininger Stellung vor 3 Wintern nur deshalb übernommen, um jene allerintimste Fühlung mit dem Orchester als Klangapparat zu bekommen, wie diese Fühlung meiner Ansicht nach jeder Komponist haben sollte. Ich habe in Meiningen gründlichst das gelernt durch tägliche Proben mit dem Orchester, was es überhaupt zu lernen gibt. Es wäre nun eigentlich meine Mission in Meiningen vollendet."[45]

Mit einer deutlichen Vereinfachung der kompositorischen Faktur und einem eingeschränkten Instrumentarium muss das Konzert vor allem auch als eine Reaktion auf die „seit seinen ersten Orchesterkompositionen" wiederholt kritisierte „dickflüssige Instrumentation und kontrapunktische Überladung der Stimmen"[46] sowie auf seine als überfrachtet kritisierten Partituren bewertet werden. Neben dem brieflich geäußerten Hinweis auf Händels *Concerti grossi* und Bachs *Brandenburgische Konzerte* sind in der Komposition selbst keine expliziten Zitate nachweisbar. Vielmehr bezieht Reger sich auf einer abstrakteren Ebene auf den „Zeitstil des frühen bis mittleren 18. Jahrhunderts."[47] Das *Konzert im alten Stil*, aber auch die folgenden Meininger Kompositionen zeichnen sich durch ein Streben nach einer verständlicheren Tonsprache aus und sind zunehmend durchsichtig und mit kürzeren Sätzen auch leichter fasslich gestaltet.[48] Den verhältnismäßig kleinen Orchesterapparat von op. 123 – Reger erweitert

---

[45] Brief Regers an Richard Chrzescinski (Verlag N. Simrock) vom 11. März 1914; Max Reger: *Briefe an den Verlag N. Simrock*, hg. von Susanne Popp, Stuttgart 2005, S. 67. Siehe auch Schwalb: *Zufall und Schicksal* (wie Anm. 7), S. 10.

[46] Susanne Popp: *Reger, Max. Op. 123. Konzert im alten Stil für Orchester*, in: Günter Brosche (Hg.): *Beiträge zur musikalischen Quellenkunde. Katalog der Sammlung Hans P. Wertisch in der Musikabteilung der Österreichischen Nationalbibliothek*, Tutzing 1989, S. 506–509, hier S. 508.

[47] Roman Brotbeck: *Max Regers „Konzert im alten Stil" – Keine Ehrenrettung*, in: Siegfried Kross (Hg.): *Probleme der Symphonischen Tradition im 19. Jahrhundert*, Tutzing 1990, S. 381–393, hier S. 384. Im weiteren zeitlichen Umfeld von op. 123 erarbeitete Reger im September 1910 Ausgaben von Bachs Violinkonzerten E-Dur und a-Moll mit Continuoaussetzung sowie bereits zwischen September 1904 und Juli 1905 Bearbeitungen der *Brandenburgischen Konzerte* für Klavier zu vier Händen.

[48] Siehe Schwalb: *Zufall und Schicksal* (wie Anm. 7), S. 10. Reger hat „immer wieder betont, wie sehr die Arbeit mit einem vergleichsweise kleinen Orchester von 52 Musikern zur Durchsichtigkeit seiner Partituren beigetragen hat" (ebd., S. 12).

das barocke Vorbild durch Hörner und dreifache Bläserbesetzung – differenziert er nicht streng nach Ripieno- und Concertino-Partien, führt die Stimmen jedoch teils solistisch und chorisch. In der Auseinandersetzung mit der musikalischen Vergangenheit drückt Reger mit dem Zusatz *im alten Stil* zugleich eine reflektierte Distanz zu dieser Musik aus,[49] in der er keine einfache Stilkopie, sondern die Einbindung von einzelnen Stilmerkmalen des barocken Konzerts in den Zusammenhang des eigenen Persönlichkeitsstils anstrebte. Schon auf der Satzebene wird dieses reflektierte Spiel mit Fremdem und Eigenem erkennbar. Mit den Satzbezeichnungen *Allegro con spirito – Largo – Allegro* bezieht Reger sich deutlich auf den auch von Händels *Concerto grosso* op. 3 Nr. 1 bekannten dreisätzigen Concerto-Typus. Auffällig ist, dass Reger die Satzbezeichnungen in seiner Händel-Bearbeitung zu *Allegro – Grave – Moderato* änderte, in seinem *Konzert im alten Stil* jedoch die Satzbezeichnungen *Allegro – Largo – Allegro* aufgreift. Zugleich rahmen die Ecksätze, die mit den konzertanten Abläufen, der Fortspinnungstechnik der Themen, den kontrapunktischen Partien und einem weitgehenden Verzicht auf expressive Momente[50] insbesondere Elemente des Konzerts von Händel und Bach tragen, sinnbildlich den im langsamen Satz stärker hervortretenden expressiven Persönlichkeitsstil Regers. Nur ein Konzert ist nachweisbar, in dem Reger neben seiner Bearbeitung von Händels *Concerto grosso* zumindest auch einen Teil, gerade dieses Largo aus dem *Konzert im alten Stil* op. 123 auf das Programm setzte.[51]

Mit seiner Bearbeitungstätigkeit befand sich Reger in guter Gesellschaft.[52] Neben Arnold Schönberg, der in den 1930er Jahren Händels *Concerto grosso* op. 6 Nr. 7 nicht nur mit einer Aussetzung des Generalbasses, sondern auch grundsätzlichen, tiefgreifenden Eingriffen bearbeitete, fertigte auch Paul Hindemith zu den drei *Concerti grossi* op. 3 Nr. 4, op. 6 Nr. 3 und Nr. 12 separate Generalbassaussetzungen an, die seiner Konzerttätigkeit entsprangen, von ihm jedoch nicht veröffentlicht wurden.[53]

Gut drei Jahre nach der Bearbeitung des *Concerto grosso* erwog Reger, erneut eine Ausgabe mit Kompositionen von Händel herauszugeben. Seine Anfrage

---

[49] Lorenzen: *Max Reger als Bearbeiter Bachs* (wie Anm. 1), S. 66.
[50] Vgl. Popp: *Reger, Max. Op. 123. Konzert im alten Stil für Orchester* (wie Anm. 46), S. 508.
[51] Es handelt sich um ein Kirchenkonzert der Meininger Hofkapelle am 25. März 1913 in Eisenach, bei dem Reger nicht nur die Leitung übernahm, sondern auch die Orgel spielte. In diesem erklang mit einem *Largo für Violoncello und Orgel* eine weitere Komposition Händels. Schreiber: *Max Reger in seinen Konzerten* (wie Anm. 9), Bd. 2, S. 420.
[52] Insgesamt befand Reger sich hiermit im „Strom der Zeit", da in „der zweiten Hälfte des 19. Jahrhunderts bis zum Aufkommen der Schallplatte […] im Vergleich zu andern Abschnitten der Musikgeschichte überdurchschnittlich viele Werke für verschiedenste Zwecke bearbeitet" wurden. Brotbeck: *Zum Spätwerk von Max Reger* (wie Anm. 25), S. 66.
[53] Die handschriftlichen Generalbassaussetzungen zu den drei Konzerten befinden sich im Paul Hindemith Institut Frankfurt; ich danke Dr. Heinz-Jürgen Winkler für die Auskunft.

stellte er nicht an Breitkopf & Härtel, sondern an den Schott-Verlag, für den er gerade gemeinsam mit August Schmid-Lindner eine praktische Bach-Ausgabe *Ausgewählte Klavierwerke* erarbeitete: „Sodann: Ginge es nicht, im Anschluß an die Bachausgabe die Klavierwerke Händels – oder wenigstens das Beste aus den Klavierwerken Händels ebenfalls zu bringen?"[54] Reger kritisierte über die Jahre wiederholt die zeitgenössische Klavierliteratur insbesondere für den Unterricht, „in der Etüdenwerke, eine fade Salonmusik und Potpourris beziehungslos aneinandergereihter Opern- und Operettenmelodien wuchern."[55] Die Idee, der Bach-Ausgabe eine entsprechende Händel-Ausgabe folgen zu lassen, bedeutete für ihn neben dem Engagement für Händels Klavierwerke auch den Einsatz für eine musikalische Geschmacksbildung in der praktischen Musikausbildung. Schott lehnte die Anfrage jedoch aus Kostengründen ab. „Die Klavierkompositionen Händel's" seien, so das Antwortschreiben, „immer noch sehr vernachlässigt und im Unterricht nur von wenigen Kennern angewandt".[56] Zur Entscheidung des Schott-Verlags trug möglicherweise auch bei, dass in der zweiten Hälfte des 19. Jahrhunderts bereits mehrere Ausgaben von Händels Klavierwerken erschienen waren (bspw. von Carl Reinecke und Hans von Bülow, beide 1871).[57] Eine Veröffentlichung in der Reihe der günstigen akademischen Einzelausgaben – eine Möglichkeit, die der Verlag im Brief andeutete – hätte Regers Intention einer Ausgabe für den praktischen, pädagogischen Gebrauch, nicht nur weil er diese Reihe offenbar nicht sonderlich schätze, verfehlt. Das Versprechen, zu einem späteren Zeitpunkt auf seine Anfrage zurückzukommen, konnte Schott nicht mehr einlösen, Reger starb bereits im Mai des folgenden Jahres.

---

[54] Brief Regers an B. Schott's Söhne vom 19. Juni 1915; Max-Reger-Institut Karlsruhe, Ep. Ms. 3736.
[55] Lorenzen: *Max Reger als Bearbeiter Bachs* (wie Anm. 1), S. 62f. An die Wiener Pianistin Ella Kerndl schrieb Reger am 22. Februar 1990: „Es ist erschrecklich, was alles produziert wird; die Klavierstücke regnet es ja nur so vom Himmel; ich habe hier und da Gelegenheit zu sehen, was zum Beispiel nur Breitkopf & Härtel alles drucken; es ist geradezu unheimlich! Und meistens recht schwache Erzeugnisse!" (zit. nach ebd.).
[56] Brief vom Verlag B. Schott's Söhne an Reger vom 22. Juni 1915; Max-Reger-Institut Karlsruhe, Ep. Ms. 3737. Obgleich sich eine ganze Reihe „von engagierten Herausgebern im 19. und 20. Jahrhundert mit Händels Tasten- und Orchesterwerken beschäftigt hat", kann von einer „besonderen Anerkennung Händels" nicht die Rede sein, man stand seiner Instrumentalmusik „eher skeptisch gegenüber". Näf: *Aspekte der Rezeption im 19. und 20. Jahrhundert – eine Einführung* (wie Anm. 25), S. 553 und 538.
[57] Eingehender thematisieren Ferruccio Busoni und Breitkopf & Härtel diese Problematik in ihrem Briefwechsel gut 20 Jahre zuvor. Der Verlag war Ende 1894 mit der Anfrage „eine instructive Ausgabe von Händel's Clavierwerken zu veranstalten" an Busoni herangetreten. Dieser fand die Idee zwar verlockend und durchaus gerechtfertigt, lehnte letztlich jedoch aus Zeitgründen ab – auch nachdem der Verlag seine Anfrage drei Jahre später erneuert hatte. Ferruccio Busoni: *Ferruccio Busoni im Briefwechsel mit seinem Verlag Breitkopf & Härtel*, hg. von Eva Hanau, 2 Bde., Wiesbaden 2012, hier Bd. 1, S. 30f und 66f.

Klangbild des Göttlichen –
Zu den Händel-Referenzen in Hermann Hesses
Der Steppenwolf

Lea Kollath (Lübeck)

I. Das Radiogleichnis

„Man hört München, das Concerto grosso in F-dur von Händel."[1]

Zum letzten Mal erklingt Musik in Hermann Hesses (1877–1962) mit intermedialen Referenzen nicht sparsam angereichertem Roman *Der Steppenwolf* (1927). Der Protagonist Harry Haller befindet sich im Magischen Theater, wo er seine innere Zerrissenheit überwinden und das Lachen lernen soll. Als er die angekündigte Händel'sche Musik vernimmt, ist er, wenngleich eigentlich ein ausgesprochener Musikliebhaber, entsetzt. Schuld daran trägt allerdings nicht die Musik selbst; vielmehr ist seine Abscheu durch das Wiedergabegerät begründet – einen Radioapparat:

„In der Tat spuckte, zu meinem unbeschreiblichen Erstaunen und Entsetzen, der teuflische Blechtrichter nun alsbald jene Mischung von Bronchialschleim und zerkautem Gummi aus, welchen die Besitzer von Grammophonen und Abonnenten des Radios übereingekommen sind, Musik zu nennen – und hinter dem trüben Geschleime und Gekrächze war wahrhaftig, wie hinter dicker Schmutzkruste ein altes köstliches Bild, die edle Struktur dieser göttlichen Musik zu erkennen, der königliche Aufbau, der kühle weite Atem, der satte breite Streicherklang."[2]

Trotz der in Haller regelrecht Ekel hervorrufenden Klangqualität scheint das, was er als das ‚Köstliche', ‚Edle', ‚Göttliche' und ‚Königliche' des Händel'schen *Concertos* bezeichnet, nicht ganz verloren, sondern ist hinter dem „hoffnungslos idiotischen Schleier"[3] des Apparates zumindest noch zu erahnen. In dieser Erkenntnis liegt das Gleichnishafte der Szene: Was sich zunächst als eine scharfe Medienkritik einerseits und eine Idealisierung des unmittelbaren Hörerlebnisses

---

[1] Hermann Hesse: *Sämtliche Werke*, Bd. 4: *Der Steppenwolf, Narziß und Goldmund, Die Morgenlandfahrt*, hg. von Volker Michels, Frankfurt a. M. 2001, S. 198.
[2] Ebd.
[3] Ebd.

andererseits auffassen lässt,[4] steht auf einer Metaebene für übergeordnete Zusammenhänge. Die Szene zielt darauf, Haller den das ganze Leben bestimmenden „Urkampf zwischen Idee und Erscheinung"[5] vor Augen bzw. Ohren zu führen. Niemand Geringeres als der aus Hallers Sicht zu den „Unsterblichen"[6] zählende Wolfgang Amadeus Mozart wird hier zur literarischen Figur und trägt das Gleichnis an den Protagonisten heran:

> „Gerade so, mein Lieber, wie das Radio die herrlichste Musik der Welt zehn Minuten lang wahllos in die unmöglichsten Räume wirft, in bürgerliche Salons und in Dachkammern, zwischen schwatzende, fressende, gähnende, schlafende Abonnenten hinein, so, wie er diese Musik ihrer sinnlichen Schönheit beraubt, sie verdirbt, verkratzt und verschleimt und dennoch ihren Geist nicht ganz umbringen kann – gerade so schmeißt das Leben, die sogenannte Wirklichkeit, mit dem herrlichen Bilderspiel der Welt um sich, läßt auf Händel einen Vortrag über die Technik der Bilanzverschleierung in mittleren industriellen Betrieben folgen, macht aus zauberhaften Orchesterklängen einen unappetitlichen Töneschleim, schiebt seine Technik, seine Betriebsamkeit, seine wüste Notdurft und Eitelkeit überall zwischen Idee und Wirklichkeit, zwischen Orchester und Ohr. Das ganze Leben ist so, mein Kleiner, und wir müssen es so sein lassen, und wenn wir keine Esel sind, lachen wir dazu."[7]

Ähnlich wie in Platons Höhlengleichnis[8] gilt es, die ‚Idee' oder den „Urgeist"[9] hinter dem Schattenspiel bzw. der klanglichen Erscheinung zu erkennen. Im Kontext von Hesses „Radiogleichnis"[10] ist diese Idee und damit auch Händels Musik mit dem Divinen konnotiert. Der „Urkampf zwischen Idee und Erschei-

---

[4] Hier sind bereits Parallelen zu Walter Benjamins späteren Theorien erkennbar. Hingewiesen sei auf den vielzitierten Verlust der „Aura" durch die technische Reproduktion des Kunstwerks. Vgl. Walter Benjamin: *Das Kunstwerk im Zeitalter seiner technischen Reproduzierbarkeit* [1936], mit Ergänzungen aus der Ersten und Zweiten Fassung, hg., kommentiert und mit einem Nachwort von Burkhardt Lindner, Stuttgart 1989. Vgl. zur medial vermittelten Musik, der literarischen Rezeption in den 1920er Jahren und zu Thomas Manns konträr zu Hesses Auffassung stehenden Position Wolfgang Sandberger: *Zur Bedeutung der medial vermittelten Musik in der Erzählung* Unordnung und frühes Leid *von Thomas Mann*, in: *Thomas Mann Jahrbuch* 23, 2010, S. 9–26. Vgl. zur Funktion der technisierten Medien im *Steppenwolf* auch Gustav Landgren: *Hermann Hesses Roßhalde, Klingsors letzter Sommer und* Steppenwolf *im Kontext von Kunstkritik, Künstlerkrise und Intermedialität*, Uppsala 2011, S. 249–262.
[5] Hesse: *Werke*, Bd. 4 (wie Anm. 1), S. 199.
[6] Ebd., S. 64.
[7] Ebd., S. 199.
[8] Vgl. Egon Schwarz: *Hesse:* Der Steppenwolf, in: *Interpretationen. Romane des 20. Jahrhunderts*, Bd. 1, Stuttgart 1993, S. 128–157, hier S. 135.
[9] Hesse: *Werke*, Bd. 4 (wie Anm. 1), S. 199.
[10] Vgl. zum Begriff Schwarz: *Hesse:* Der Steppenwolf (wie Anm. 8), S. 135. Vgl. zur allgemeinen Deutung des Radiogleichnisses vor allem auch Landgren: *Hermann Hesses Roßhalde, Klingsors letzter Sommer und* Steppenwolf (wie Anm. 4), S. 249–254.

nung" ist für Haller auch der zwischen „Göttlichem und Menschlichem"[11] und Händels *Concerto Grosso* nennt er konkret eine „Göttermusik"[12]. Dem Werk wird damit eine Überhöhung und für den Gesamtkontext des Romans eine Schlüsselfunktion zuteil. Doch warum erklingt an dieser entscheidenden Stelle ausgerechnet Musik von Händel? Um sich dieser Frage anzunähern, ist es gewinnbringend, Hesses musikästhetische Vorstellungen in die Überlegungen miteinzubeziehen. Zwar soll keine totale Kongruenz zwischen Autor und Protagonist unterstellt werden; allerdings sind die biografischen Parallelen zwischen Hesse und Haller – wie in der Forschungsliteratur mehrfach angeführt wurde[13] – so ostentativ, dass auch davon ausgegangen werden kann, dass der Schriftsteller seine eigenen ästhetischen Ansichten zu einem großen Teil auf seine literarische Figur projizierte.

II. Hesses musikästhetische Ansichten im zeitlichen Kontext

Hesses Ansichten über Musik wurden in der Forschungsliteratur weit weniger thematisiert als etwa im Falle Thomas Manns. Dennoch zeugen einige Studien von der Bedeutung, die Musik innerhalb von Leben und Werk des Autors einnahm.[14] Erst ab 1934 begann sich Hesse im Zuge der Vorbereitungen für *Das Glasperlenspiel* (1943) auf theoretischer Ebene mit Musik zu beschäftigen und sogar kontrapunktische Studien zu betreiben.[15] Auf der sinnlich-emotionalen Ebene nahm Musik für Hesse jedoch von Anfang an einen ungemein hohen Stellenwert ein, wozu auch die im Rahmen des pietistischen Elternhauses gepflegte musikalische Praxis – das Singen von Chorälen, das Fantasieren am Harmonium und später auch das Geigenspiel – beigetragen haben wird.[16] „Was

---

[11] Hesse: *Werke*, Bd. 4 (wie Anm. 1), S. 199.
[12] Ebd., S. 198.
[13] Vgl. u. a. Schwarz: *Hesse: Der Steppenwolf* (wie Anm. 8), S. 134f; Peter Huber: Der Steppenwolf. Psychische Kur im deutschen Maskenball, in: *Interpretationen. Hermann Hesse. Romane*, Stuttgart 1994, S. 76–112, hier S. 76.
[14] Die einzige neuere (französischsprachige) Publikation zum Thema ‚Hesse und die Musik' von Dominique Lingens weist auf dieses Ungleichgewicht hin (vgl. Dominique Lingens: *Hermann Hesse et la musique*, Bern u. a. 2001, S. 7). Zu den älteren Texten zählen u. a. Leo Dorner: *Hermann Hesse und die Musik*, in: Institut für österreichische Musikdokumentation (Hg.): *Hermann Hesse und die Musik. Eine Ausstellung zum 100. Geburtstag des Dichters*, Wien 1977, S. 7–21; Hermann Kasack: *Hermann Hesses Verhältnis zur Musik* [1950], in: Hermann Hesse: *Musik. Betrachtungen, Gedichte, Rezensionen und Briefe*, mit einem Essay von Hermann Kasack, hg. von Volker Michels, Frankfurt a. M. 1986, S. 9–20.
[15] Vgl. Dorner: *Hermann Hesse und die Musik* (wie Anm. 14), S. 15.
[16] Vgl. Lingens: *Hermann Hesse et la musique* (wie Anm. 14), S. 37–58; Dorner: *Hermann Hesse und die Musik* (wie Anm. 14), S. 7 f.

wäre das Leben ohne Musik!", schrieb Hesse 1915, „[...] Wenn man mir [...] etwa die Choräle Bachs, die Arien aus der Zauberflöte und dem Figaro wegnähme, verböte oder gewaltsam aus dem Gedächtnis risse, so wäre das [...] wie der Verlust eines Organes, wie der Verlust eines halben, eines ganzen Sinnes."[17] Es verwundert damit auch kaum, dass Musik – angefangen mit dem frühen Musikerroman *Gertrud* (1910) – immer wieder eine bedeutende Rolle innerhalb seines literarischen Werks einnimmt.[18] Oft tritt sie dabei für Hesses persönliche Vorstellung vom Göttlichen ein – wie etwas im Gedicht *Orgelspiel* – wobei der Schriftsteller sich sowohl von den antiken Vorstellungen der Sphärenharmonie[19] als auch von fernöstlichen Weisheitslehren[20] beeinflusst zeigt. Sein musikalisches Verständnis ist trotz des vordergründig sinnlichen Zugangs als durchaus differenziert,[21] wenngleich tendenziell reaktionär zu bewerten. Obschon er einzelnen Werken von Komponisten seiner Zeit wie Strawinsky, Bartók, Berg und Busoni positiv gegenüber stand[22] und auch vom Jazz auf zwiegespaltene Weise fasziniert war[23] – wie vor allem im *Steppenwolf* deutlich wird –, war es die Musik der Vergangenheit, die ihn bewegte. Abgesehen von einer zeitweiligen Passion des Jugendlichen für die romantische Musik[24] ging Hesses reaktionäre Haltung so weit, dass er die musikalische Entwicklung mit Mozart als abgeschlossen und Beethoven bereits als einen „Beginn des Niederganges", wenngleich als einen „grandiosen, heldischen, herrlichen" empfand.[25] 1956 schrieb Hesse in einem Brief: „Das Liebste in der Musik ist mir Bach und Mozart, dann Händel und Gluck"[26]. Seine bereits in den 1920er Jahren ostentative, auch den *Steppenwolf*

---

[17] Hermann Hesse: *Musik* [1915], zitiert nach Hermann Hesse: *Musik* (wie Anm. 14), S. 32–37, hier S. 36.
[18] Vgl. hierzu die Textsammlung Hesse: *Musik* (wie Anm. 14).
[19] Vgl. u. a. Kasack: *Hermann Hesses Verhältnis zur Musik* (wie Anm. 14), S. 18.
[20] Vgl. u. a. Hesses Kommentar von 1933 zum Bach-Choral „Ach bleib bei uns" in einem Brief an Fanny Schiler: „Diese Musik ist Tao. Auch das nämlich ist eine der 1000 Erscheinungsformen des Tao: die vollkommene Form, die den ‚Inhalt' verschluckt und aufgelöst hat und in sich selber schwebend nur noch atmet und schön ist." (Zitiert nach Hesse: *Musik* (wie Anm. 14), S. 158). Vgl. auch Lingens: *Hermann Hesse et la musique* (wie Anm. 14), S. 3; Kasack: *Hermann Hesses Verhältnis zur Musik* (wie Anm. 14), S. 16 f.
[21] Vgl. Dorner: *Hermann Hesse und die Musik* (wie Anm. 14), S. 7.
[22] Vgl. Lingens: *Hermann Hesse et la musique* (wie Anm. 14), S. 175–181.
[23] Vgl. ebd., S. 281–288.
[24] Vgl. hierzu Hesses eigene Bemerkung: „Sondern ich war in der Musik eher konservativ, wie die meisten Dichter, und zur musikalischen Romantik hatte ich damals auch noch ein jugendlich-verliebtes Verhältnis, das mir erst viel später verlorenging." (Hermann Hesse: *Aus Erinnerungen an Othmar Schoeck*, in: Hermann Hesse: *Musik* (wie Anm. 14), S. 61–69, hier S. 61).
[25] Brief an Ludwig Finckh vom ca. 24. März 1932, zitiert nach Hesse: *Musik* (wie Anm. 14), S. 157.
[26] Brief an Rainer Döll vom 31. Dezember 1956, zitiert nach ebd., S. 206.

prägende Bevorzugung der ‚alten Meister' fällt mit den zeittypischen neobarocken und -klassizistischen Tendenzen in der Musik und der Rezeptionshaltung zusammen.[27] Nicht zuletzt kulminierte gerade zwischen 1923 und 1927 – also genau während der Entstehung des *Steppenwolfs* – die „Händel-Bewegung", was sich vor allem in den zahlreichen Händel-Festen manifestierte.[28] In den Jahren nach dem Ersten Weltkrieg bot der im Vergleich mit Bach durch nationale Propaganda unbelastete Händel, gerade auch als Kontrastfigur zu Wagner, eine musikalische Projektionsfläche für die den „gesellschaftlichen Diskurs [bestimmenden] Ideen der Läuterung und Sublimation, der Reinigung und des sozialen Zusammenhalts"[29]. Die damit einhergehende Erhöhung der Händel'schen Musik korrespondiert mit deren Einsatz in der Radiogleichnis-Szene und Hesse zeigt sich damit ganz als Kind seiner Zeit. Auf diesen zeitlichen Kontext wird am Schluss noch zurückzukommen sein, allerdings muss hier zunächst hervorgehoben werden, dass Hesses persönliche Neigungen etwas anders gewichtet waren, wie es bereits in der Briefpassage von 1956 anklingt: Vor Händel galt die Präferenz Mozart und Bach.[30] Der Blick auf Hesses Beziehung zur Musik hat zwar gezeigt, dass aufgrund seiner differenzierten Sichtweise durchaus von einem intentionalen und semantisch relevanten Einsatz konkreter Musik ausgegangen, die Frage ‚Warum Händel?' jedoch nicht abschließend beantwortet werden kann. Hierfür bedarf es erneut eines Einstiegs in den Text selbst.

III. Händels Musik im Radiogleichnis

Dass es innerhalb der Radiogleichnis-Szene[31] kein Stück von Mozart sein kann, welches über das Grammophon erklingt, ist relativ eindeutig. Mozart nimmt hier als literarische Figur bereits die Rolle des Vermittlers ein – eine Funktion, die seine historische Bedeutung innerhalb der Händel-Rezeption spiegelt. Seine noch weit bis in das 19. Jahrhundert hinein aufgeführten Bearbeitungen *Acis und Galatea* KV 566, *Der Messias* KV 572, *Alexanderfest* KV 591 sowie die

---

[27] Vgl. Volker Scherliess: *Neoklassizismus: Dialog mit der Geschichte*, Kassel u. a. 1998, vor allem S. 25f und speziell zu Händel S. 168–170.
[28] Vgl. Wolfgang Sandberger: *Geistliche Musik im profanen Raum: Händel-Oratorien im „kultisch-ekstatischen Theater" der 1920er Jahre*, in: *Händel-Jahrbuch* 55, 2009, S. 323–350, hier S. 327–329.
[29] Ebd., S. 329.
[30] Das demonstrieren auch weitere Zeugnisse. Vgl. hierzu die Ausführungen von Lingens: *Hermann Hesse et la musique* (wie Anm. 14), S. 142–146.
[31] In einer vorigen Szene erklingt jene Musik aus Mozarts *Don Giovanni*, „die das Auftreten des steinernen Gastes begleitet." (Hesse: *Werke*, Bd. 4 (wie Anm. 1), S. 191).

Caecilien-Ode KV 592 haben schließlich „wesentlich zur Wirkungsgeschichte Händels beigetragen."[32] Für Mozart nahm Händel eine bedeutendere Rolle ein als Bach, zumal ihm seine Musik vertrauter war.[33] Dass Hesses Mozart in der *Steppenwolf*-Szene ein Stück des Hallensers auswählt, ist damit gewissermaßen auch historisch nachvollziehbar. Die damit gezogene Traditionslinie Händel-Mozart entspricht zudem der innerhalb der Musikkultur des 18. Jahrhunderts dominierenden Sichtweise. Die im Widmungsbrief zu den *Sonaten* KV 10–15 an Königin Charlotte Sophie enthaltene, dem gerade einmal neunjährigen Mozart wohl „in die Feder diktiert[e]"[34] Formulierung „je deviendrai immortel comme Handel"[35] spiegelt sich gewissermaßen über 150 Jahre später im *Steppenwolf*, gehören beide Komponisten doch Hallers Kreis der „Unsterblichen" an. Der Einsatz von Händels Musik im Radiogleichnis mag zum Teil durch diese historische Linie begründet sein; primär wären die Indizien aber in der Musik selbst zu suchen.

Gert Richter hat in seinem Aufsatz *Hermann Hesse über Händel* bereits in Ansätzen eruiert, welche Merkmale des *Concertos* Hesse dazu verleitet haben könnten, ihm die prominente Funktion innerhalb der Schlüsselszene zukommen zu lassen.[36] Dabei sind konkrete Ergebnisse insofern schwer zu erzielen, als nicht deutlich wird, welches *Concerto Grosso* gemeint ist. Die *Concerti Grossi* op. 3 (1734) enthalten ein *Concerto* in F-Dur, die Sammlung op. 6 (1740) sogar zwei. Richter geht davon aus, dass Hesse sich auf eines der beiden Werke aus op. 6 bezieht, da vom „alten Händel"[37] die Rede ist.[38] Auch das bleibt allerdings eine Vermutung. Es ließe sich ergänzen, dass das *Concerto Grosso* HWV 320 zumindest am besten den Beschreibungen des literarischen Mozarts entspricht – gesetzt den Fall, dass diese dem Beginn des Werks gelten. Das *Andante larghetto* stützt sich auf einen schreitenden Bass, den Mozart – wieder mit Referenz auf

---

[32] Ulrich Konrad: „*Unter den ältern Komponisten schäzte er am allerhöchsten aber Händeln*" – *Wolfgang Amadé Mozart und Georg Friedrich Händel*, in: Göttinger Händel-Beiträge 12, 2008, S. 5–31, hier S. 30.

[33] Vgl. Andreas Holschneider: *Mozart als Händel-Interpret*, in: Göttinger Händel-Beiträge 12, 2008, S. 57–61, hier S. 60.

[34] Konrad: „*Unter den ältern Komponisten schäzte er am allerhöchsten aber Händeln*" (wie Anm. 32), S. 12.

[35] *Mozart. Die Dokumente seines Lebens*, gesammelt und erläutert von Otto Erich Deutsch, Kassel u. a. 1961 (= NMA X/34), S. 39. Auch Hasse und Bach werden hier erwähnt – Händel steht dennoch an erster Stelle: „car avec ton sécours, j'égalerai la gloire de tous les grands hommes de ma patrie, je deviendrai immortel comme Handel, et Hasse, & mon nom sera aussi célebre que celui de Bach."

[36] Vgl. Gert Richter: *Hermann Hesse über Händel*, in: Händel-Hausmitteilungen 2008, S. 76–81, hier S. 80.

[37] Hesse: *Werke*, Bd. 4 (wie Anm. 1), S. 198.

[38] Vgl. Richter: *Hermann Hesse über Händel* (wie Anm. 36), S. 79.

den Divintäts-Topos – hervorhebt: „[H]ören Sie die Bässe? Sie schreiten wie Götter"[39]. Die Bassbewegung des *Largos* aus HWV 327 ist hingegen zu langsam, um sie ‚schreitend' zu nennen und die Basslinie der Französischen Ouvertüre aus HWV 315 weist kein gleichmäßiges rhythmisches Profil auf.

Als die Musik in der Radiogleichnis-Szene erklingt, sind es vor allem die Struktur und der Aufbau, die Haller und Hesses Mozart mit dem ‚Edlen', ‚Göttlichen' und ‚Königlichen' konnotieren. Auch in dieser Hinsicht wäre eine mögliche Bezugnahme auf das *Andante larghetto* passend. Der regelmäßige, symmetrische Periodenbau ist hier ostentativ und insbesondere die Zwiesprache zwischen Ripieno und Concertino erzeugt eine klare, ausbalancierte Struktur. Hinzu tritt der „kühle weite Atem", welcher möglicherweise nicht nur auf die langen Phrasen des *Andante*, sondern auch auf den gelassenen, die dynamischen Extreme und Akzentuierungen meidenden Gestus Bezug nimmt.

Ein Blick auf weitere Texte von Hesse, teils Rezensionen, teils autobiographischer Natur, wird im Folgenden das hier generierte Bild von Händels Musik bestätigen, aber auch neue Perspektiven aufzeigen, die in der Frage ‚Warum Händel?' zusätzliche Anhaltspunkte bieten.

IV. Hesses Händel-Bild in weiteren Texten

Eine deutliche Übereinstimmung mit dem Händel-Bild aus dem Radiogleichnis findet sich in einem Text über eine Druckerpresse, in dem Hesse Händels Musik in ihrer „strahlende[n], straffe[n] Klarheit" als Vergleichsobjekt heranzieht, um die „Kraft" und das „Selbstbewußtsein", das aus Drucken „des alten Bordoni in Parma" leuchte, zu beschreiben.[40] Die straffe Klarheit bezieht sich erneut auf die Form und das Strahlende ist eng mit Hesses Topos des Göttlichen und Königlichen verwandt. Weitere Aspekte birgt eine längere Episode aus einem *Tagebuchblatt*[41] vom 15. Mai 1955, in der Hesse – diesmal weniger medienkritisch – ein konkretes Radio-Hörerlebnis schildert:

> „Bei wütenden Schmerzen keine Arbeits- und Lesemöglichkeit. Dafür stand im Programm von [Radio] Beromünster für den Vormittag etwas Lockendes: doppelchöriges Orchesterkonzert in C-dur von Händel und Concerto für Orchester 1944

---
[39] Hesse: *Werke*, Bd. 4 (wie Anm. 1), S. 198.
[40] Hermann Hesse: *Sämtliche Werke*, Bd. 14: *Betrachtungen und Berichte II*, hg. von Volker Michels, Frankfurt a. M. 2003, S. 378.
[41] Vgl. zu diesem *Tagebuchblatt* aus der Perspektive der Bartók-Forschung auch Orsolya Erdődy: *„Statt Kosmos Chaos, statt Ordnung Wirrnis" – Zu einem Tagebuchblatt von Hermann Hesse*, in: Gábor Kerekes / dies. (Hg.): *Hermann Hesse. Humanist und Europäer. I. Internationale Hermann-Hesse-Gedenkkonferenz in Ungarn*, Budapest 2005, S. 28–37.

von Bartók. Ein Programm, das Carlo Ferromonte[42] nicht gebilligt hätte und das auch mir etwas kraß zusammengestellt vorgekommen war, das sich aber beim Hören dann überraschend bewährte. Es waren zwei Welten und Zeiten da einander gegenübergestellt, zwei einander fremde, gegensätzliche Welten, Yin und Yang, Kosmos und Chaos, Ordnung und Zufall, jede von einem überlegenen, vollkräftigen Meister zur Darstellung gebracht. Händel – das war Symmetrie, Architektur, gebändigte Heiterkeit und gebändigte Klage, kristallen und logisch. Das war eine Welt, in der der Mensch als Gottes Ebenbild regierte, mit felsenfester Basis und genau bestimmter Mitte. Sie war schön, diese Welt, unsäglich schön, strahlend, gefüllt bis zum Rand mit freudiger Kraft, zentriert und geordnet wie ein farbig triumphierendes Rosettenfenster in einem Dom oder wie ein ins Rund der Lotosblüte eingebautes asiatisches Mandala. Und diese edle Welt wurde noch schöner, gewann noch an Wert und Beglückung, an kristallener Vorbildlichkeit dadurch, daß sie fern und vergangen, verloren gegangen und aus unserer anderen Zeit und Welt her mit der Sehnsucht beschworen war, die den verlorenen Paradiesen zukommt."[43]

Auch hier lassen sich die Ausführungen nicht auf ein konkretes Stück beziehen, da Händel kein doppelchöriges Orchesterkonzert in C-Dur geschrieben hat und Hesse sich demzufolge in der Tonart geirrt haben muss. Dennoch sind sie höchst aufschlussreich und sollen als allgemeine Beschreibung von Händels doppelchöriger Instrumentalmusik gedeutet werden. Markant sind die Dualismen, die Hesse im Händel-Bartók-Vergleich aneinanderreiht. Insbesondere der Begriff des „Kosmos" als Widerpart des „Chaos" ist darunter insofern von besonderem Interesse, als Hesses Rezension zu einer von Walter Harburger übertragenen Auswahl aus der *Kosmischen Harmonie* von Johannes Kepler den Gedanken vertieft:

„Es ist eine Harmonielehre, in welche zwar die musikalische Harmonielehre mit einbegriffen ist, jedoch nur ein Teil. Das Ganze gilt nicht der menschlichen Musik, sondern Musik des Weltalls, dem Schöpfungskonzert, und hat zur Grundlage den freudigen Glauben an die Einheitlichkeit und Harmonie des Weltplanes, ein Glaube, in dem Nachklänge von Pythagoras und starke platonische Einflüsse mit einem naiven Christenglauben sich aufs beste vertragen. Oft klingt es darin wie Händelsche Musik, so stolz und zugleich naiv, so strahlend und verklärt."[44]

Hesse scheint in Händels Musik eine wohlgeordnete Harmonie zu erkennen, die er wiederum mit Keplers Vorstellungen vom Kosmos in Beziehung setzt. Mit Blick auf die *Steppenwolf*-Szene ist es besonders interessant, dass sich im

---

[42] Gemeint ist Hesses Neffe, der Musiker Carlo Isenberg.
[43] Hermann Hesse: *Sämtliche Werke*, Bd. 11: *Autobiographische Schriften I*, hg. von Volker Michels, Frankfurt a. M. 2003, S. 735 f.
[44] Hermann Hesse: *Sämtliche Werke*, Bd. 17: *Die Welt im Buch II. Rezensionen und Aufsätze aus den Jahren 1911–1916*, hg. von Volker Michels, Frankfurt a. M. 2002, S. 557.

Ansatz des frühneuzeitlichen Wissenschaftlers erneut die Verknüpfung mit dem Göttlichen finden lässt; nicht nur die Musik der Planeten, die Himmelsmusik, sondern auch die auf denselben Zahlenproportionen beruhende reale Musik seien Urbilder im Geiste Gottes.[45] Aus dem Rezensions-Ausschnitt geht außerdem hervor, dass Hesse in Keplers Sphärenharmonie und Händels Musik nicht nur das ‚Stolze' und ‚Strahlende' wahrnimmt, sondern auch ‚Naivität' und ‚Verklärung'. Der Autor impliziert damit, dass Händels Musik in ihrem Fokus auf „Einheitlichkeit und Harmonie" alles, was in dieser Hinsicht störend oder irritierend wirken könnte, ausschließt.[46] Das konkrete Gegenbild wäre hier – um auf das *Tagebuchblatt* zurückzukommen – Béla Bartóks *Konzert für Orchester*, denn diese Musik kenne wie die Menschen ihrer Zeit „die Schönheit der Dissonanz und des Schmerzes, die reichen Skalen gebrochener Töne, die Erschütterung und Relativierung der Denkformen und Moralen, und nicht minder die Sehnsucht nach den Paradiesen der Ordnung und Geborgenheit, der Logik und der Harmonie."[47] Es ist hingegen nicht die Sehnsucht danach, sondern es sind diese (verlorenen) Paradiese selbst, die Hesse in Händels Musik zu finden glaubt.

Auf einer kompositionstechnischen Ebene könnte Hesses Begriff der ‚Naivität' zudem auf Natürlichkeit, Schlichtheit und eine weniger ‚künstlich' gearbeitete Textur hindeuten, worin man eine Erklärung sehen mag, warum der Schriftsteller Händels Musik und nicht die von Bach als Vergleichsobjekt wählt.[48] Hieraus können wiederum Rückschlüsse auf den Einsatz der Händel'schen Musik im Radiogleichnis gezogen werden. Angesichts der Verbindung zwischen Glaube und Naivität, auf die Hesse hinweist, lässt in gewisser Weise vielleicht gerade dieser ‚naive' Zug oder auch – mit Ludwig Finscher gesprochen – ihre „edle[] Simplizität"[49] die Musik für den Schriftsteller zum idealen Klangbild des Göttlichen avancieren.

Im *Tagebuchblatt* schwingt der Aspekt der ‚Naivität' und ‚Verklärung' nur als Subtext mit, doch Händels Musik wird auch hier zum Inbegriff des Göttlichen stilisiert, was sich besonders ausdrucksstark in zwei Bildern offenbart, deren Hesse sich bedient: dem des Rosettenfensters und dem des asiatischen

---

[45] Vgl. u. a. Daniel P. Walker: *Keplers Himmelsmusik*, in: Carl Dahlhaus u. a. (Hg.): *Hören, Messen und Rechnen in der frühen Neuzeit*, Darmstadt 1987 (= Geschichte der Musiktheorie 6), S. 83–107, hier S. 88.
[46] Bezeichnend ist in diesem Zusammenhang, dass Hesse sowohl im *Tagebuchblatt* als auch im *Steppenwolf* auf Werke in Dur verweist.
[47] Hesse: *Werke*, Bd. 11 (wie Anm. 43), S. 736.
[48] Vgl. zu den Händel- und Bach-Bildern im Vergleich auch Ludwig Finscher: *Händel und Bach – Zur Geschichte eines musikhistoriographischen Topos?*, in: *Göttinger Händel-Beiträge* 3, 1987, S. 9–25, hier vor allem S. 19.
[49] Ebd., S. 20.

Mandalas. Charakteristisch für den Schriftsteller ist es, wie hier abendländische und asiatische Kultur zusammentreffen und in ihren Symbolen letztendlich das Gleiche meinen. Das Rosettenfenster lässt sich ebenso wie das Mandala als „Symbol göttlicher Weltordnung"[50] fassen: Erneut tritt damit der Aspekt der Ordnung und klaren Konstruktion mit dem Divinen in Verbindung. In beiden Kreis-Gebilden ist Letzteres im Mittelpunkt angesiedelt.[51] Dieses Prinzip der Zentriertheit spiegelt sich in einem weiteren Satz aus dem *Tagebuchblatt*, in dem es heißt, dass in der von Händel evozierten Welt „der Mensch als Gottes Ebenbild regiere, mit felsenfester Basis und genau bestimmter Mitte."[52] Hier kommt nun folglich die menschliche Psyche ins Spiel, was von großem Interesse für die Ausdeutung der *Steppenwolf*-Szene ist.

V. Göttlichkeit als ‚harmonisierter' Dualismus?

Harry Haller verkörpert den abendländischen Dualismus; in ihm kämpfen sowohl Natur und Geist als auch Gut und Böse gegeneinander.[53] Im Magischen Theater soll der Protagonist seine Wesensspaltung überwinden, gewissermaßen also zur „felsenfeste[n] Basis und genau bestimmte[n] Mitte" finden. Händels Musik steht bei Hesse genau für diese Zentrierung und harmonische Balance. Sie ist daher auch „gebändigte Heiterkeit und gebändigte Klage"; das heißt, die Extreme werden nicht ausgereizt – genauso wenig, wie Haller weder ganz Mensch noch ganz Wolf sein soll.

Dennoch liegt sowohl in dem Mit- und Gegeneinander von Ripieno und Concertino im *Concerto Grosso* aus dem Radiogleichnis als auch mit der Aufgliederung in Coro I und II im doppelchörigen Konzert aus dem *Tagebuchblatt* gewissermaßen eine dualistische Struktur vor. Es ließe sich schlussfolgern, dass Hesse hier das Dualistische als – nicht im musikalischen, sondern im Sinne von

---

[50] Wiltrud Mersmann: *Rosenfenster und Himmelskreise*, Mittenwald 1982, S. 9.
[51] Vgl. ebd., S. 11; José und Miriam Argüelles: *Das große Mandala-Buch*, Freiburg i. Br. ⁴1996, S. 13.
[52] Hesse: *Werke*, Bd. 11 (wie Anm. 43), S. 735.
[53] Vgl. Huber: Der Steppenwolf (wie Anm. 13), S. 85. Im *Tractat vom Steppenwolf* heißt es: „*Er* [Harry Haller] *nennt ein Stück von sich Mensch, ein andres Wolf, und damit glaubt er schon am Ende zu sein und sich erschöpft zu haben. In den ‚Menschen' packt er alles Geistige, Sublimierte oder doch Kultivierte hinein, das er in sich vorfindet, und in den Wolf alles Triebhafte, Wilde und Chaotische. […] Der Mensch ist ja keine feste und dauernde Gestaltung (dies war, trotz entgegengesetzter Ahnungen ihrer Weisen, das Ideal der Antike), er ist vielmehr ein Versuch und Übergang, er ist nichts andres als die schmale, gefährliche Brücke zwischen Natur und Geist. Nach dem Geiste hin, zu Gott hin treibt ihn die innerste Bestimmung – nach der Natur, zur Mutter zurück zieht ihn die innigste Sehnsucht: zwischen beiden Mächten schwankt angstvoll bebend sein Leben.*" (Hesse: *Werke*, Bd. 4 (wie Anm. 1), S. 63).

Klangbild des Göttlichen   81

Eintracht oder einer reibungslosen Koexistenz – harmonisierte Einheit wahrnimmt und die Werke möglicherweise auch daher als klangliche Bilder für seinen Göttlichkeits-Begriff versteht. Dass der Dualismus nämlich nicht per se verurteilt werden sollte, sondern vielmehr eine erste Erkenntnisstufe im Prozess der „Menschwerdung" darstellt, wird in einem Binnentext, dem in den Roman integrierten *Tractat vom Steppenwolf*, deutlich:

> *„Immerhin hat unser Steppenwolf wenigstens die faustische Zweiheit in sich entdeckt, er hat herausgefunden, daß der Einheit seines Leibes nicht eine Seeleneinheit innewohnt, sondern daß er bestenfalls nur auf dem Wege, in langer Pilgerschaft zum Ideal dieser Harmonie begriffen ist. Er möchte entweder den Wolf in sich überwinden und ganz Mensch werden oder aber auf den Menschen verzichten und wenigstens als Wolf ein einheitliches, unzerrissenes Leben leben."*[54]

Genau in diesem Wunsch, eine Seite gänzlich zu verdrängen, besteht aber der Irrtum. Vielmehr soll Haller im Anschluss an die Reflektion des eigenen Dualismus die noch viel komplexere Gestalt seiner Seele anerkennen: eine Aufgliederung in unendlich viele Ichs. Erst dann könne im Sinne der fernöstlichen Weisheitslehre die Seele „vielleicht einmal zum Ende, zur Ruhe [...] kommen."[55] Die kaleidoskopartige Aufspaltung bei gleichzeitiger Zentrierung kommt erneut im Bild des für Händels Musik stehenden Mandalas zum Ausdruck. In einem durchaus therapeutischen Sinne können die „eigenen geistigen Komplexe in das kosmische Netz"[56] des asiatischen Gebildes hineinprojiziert werden. Möglich wäre es auch, dass Hesse eine besondere Ausprägung des Mandalas im Sinn hatte, in deren Mittelpunkt sich das t'ai chi-Symbol mit den dualistischen Grundelementen Yin und Yang befindet.[57] Die harmonische Einheit der gegensätzlichen Pole wird hier durch den umschließenden Kreis versinnbildlicht.

„Wenn ich z. B. von dir erfahren würde, daß das Strahlende, zugleich Süße und Männliche, was Händel immer für mich hat, auf der Bevorzugung ganz bestimmter Akkorde etc. beruhte, so wäre das ein Schrittchen,"[58] schrieb Hesse 1934 an seinen Neffen, den Musiker Carlo Isenberg. Hier kommt nicht nur Hesses die Wirkung von Händels Musik betreffende Neugier zum Ausdruck, sondern es wird zusätzlich deutlich, dass er auch jenseits der Zweistimmigkeit bzw. Doppelchörigkeit einen Dualismus in Händels Musik wahrnimmt – und

---

[54] Hesse: *Werke*, Bd. 4 (wie Anm. 1), S. 65.
[55] Ebd., S. 66.
[56] Argüelles: *Das große Mandala-Buch* (wie Anm. 51), S. 15.
[57] Vgl. zu dieser Ausprägung ebd., S. 55–57.
[58] Brief von Anfang August 1934, zitiert nach Hesse: *Musik* (wie Anm. 14), S. 160.

zwar im Charakter. Das Süße – wenn man so will, das Weibliche – und das Männliche treten wie im t'ai chi-Symbol zusammen und der Dualismus als harmonisiertes Konstrukt ist erneut präsent.[59]

Die These, dass Hesse in Händels Musik auch auf einer strukturellen Ebene den harmonisierten Dualismus als das göttliche Prinzip wahrgenommen haben könnte, findet dadurch Unterstützung, dass die Beobachtung ebenso auf Textpassagen zutrifft, in denen Händels Vokalmusik herangezogen wird – denn bezeichnenderweise sind es stets Duette, auf die Hesse verweist.

In einer weiteren Szene aus dem *Steppenwolf* besucht Haller ein Kino, in dem der US-amerikanische Monumental-Film *Die zehn Gebote* (1923)[60] gezeigt wird. Für den Protagonisten stellt die Inszenierung der Moses-Geschichte und ihre Versetzung in ein Lichtspielhaus, in dem der Film bei „mitgebrachten Brötchen" von „dankbarem Publikum" rezipiert wird, „ein hübsches kleines Einzelbild aus dem riesigen Ramsch und Kulturausverkauf dieser Zeit"[61] dar. Das positive Gegenbild ist ein „wundervolle[s] Duett[] für zwei Bässe von Händel"[62], an das Haller sich erinnert, während im Film die Ägypter von den Wassermassen des Roten Meeres verschlungen werden. Gemeint ist hier das Duett „The Lord is a man of war" aus dem Oratorium *Israel in Egypt* – ein Stück, das seine dualistische Struktur nicht nur den beiden Gesangsstimmen, sondern zusätzlich noch dem Wechsel zwischen Ripieno und Concertino verdankt.[63] Auf einer Metaebene schwingt mit, dass diese Art der Inszenierung des alttestamentarischen Stoffes für Haller das Ideal darstellt. Aus seiner Perspektive büßen „die heiligen Geschichten, ihre Helden und Wunder, die über unsre Kindheit einst die erste dämmernde Ahnung einer andern Welt, eines Übermenschlichen ergehen ließen"[64] auf diese Weise ihre Wirkung nicht ein, während die filmische Umsetzung offenbar das Gegenteil erzielt.

Mit dieser Kino-Szene tritt eine weitere Facette von Hallers und Hesses Händel-Bild hervor. Die Musik des Komponisten wird im Zusammenklang mit

---

[59] Damit setzt sich Hesses Rezeption zudem vom dominierenden Topos des für das Heroische und Männliche stehenden Komponisten ab (vgl. zu den Händel-Bildern Juliane Riepe: *Varianten und Konstanten des Händel-Bildes vom 18. bis ins 21. Jahrhundert oder: Il trionfo del tempo e dell'inganno über das, was wir gerne für historische Wahrheit halten würden*, in: Sandra Danielczyk u. a. (Hg.): *Konstruktivität von Musikgeschichtsschreibung. Zur Formation musikbezogenen Wissens*, Hildesheim / Zürich / New York 2012, S. 157–187, hier S. 160).
[60] Vgl. Friedrich Voit: *Erläuterungen und Dokumente. Hermann Hesse: Der Steppenwolf*, Stuttgart 1992, Bibliographisch ergänzte Ausgabe 2002, S. 49.
[61] Hesse: *Werke*, Bd. 4 (wie Anm. 1), S. 153.
[62] Ebd.
[63] Vgl. hierzu Jan Assmann: *Das Oratorium Israel in Egypt von Georg Friedrich Händel*, Stuttgart 2015, S. 128.
[64] Hesse: *Werke*, Bd. 4 (wie Anm. 1), S. 153.

dem biblischen Stoff zum Objekt einer rückwärtsgewandten Sehnsucht und ist eng mit einer geistigen Reise in die Kindheit verbunden. Hiermit deckt sich die im *Tagebuchblatt* zum Ausdruck kommende Konnotation von Händels Musik mit den „verlorenen Paradiesen": Das Vergangene wird zum ‚Heiligen' erklärt. Unterstützt wird dieser Gedanke durch Hesses eigene Biographie. Aus seinen späten Briefen geht hervor, dass Händel „eine der großen Lieben [s]einer Knabenzeit"[65] war und dass insbesondere die häufigen Oratorien-Aufführungen seine Kindheit begleiteten.[66] In diesem Sinne scheint der im Film thematisierte Exodus und die Sehnsucht der Israeliten nach Kanaan – also gewissermaßen dem verlorenen Paradies – wie ein Spiegel für Hallers an Händel geknüpfte Idealisierung einer vergangenen Kultur.[67] In Händels Musik verschmelzen für Hesse damit einerseits die in der Zukunft liegende Erlösung und andererseits die verklärte Vergangenheit zu einer einzigen Utopie.

Doch die Duett-Beispiele sind damit noch nicht erschöpft: In der Fragment gebliebenen Erzählung *Das Haus der Träume* (1914) wird die intermediale Referenz sogar von einem reflexiven Moment begleitet. Die Schwägerin des Protagonisten singt hier Händels Duett *Quel fior che all'alba ride* HWV 192 und kommentiert ihren Vortrag mit den Worten: „Es ist ein Duett für zwei Soprane und eigentlich ist es eine Barbarei, wenn ich es so singe, wie ich es für mich allein aus dem zweistimmigen Satz heraus kombiniert habe."[68] So wie Haller nicht eine seiner Seiten verdrängen sollte, wird auch hier die Absenz der zweiten Stimme als problematisch bewertet.

Welche Bedeutung der musikalische Dualismus aus der Perspektive Hesses allgemein als Sinnbild für die gespaltene Seele einnahm, wird nicht zuletzt am Schluss der autobiographischen Erzählung *Kurgast*[69] (1923) deutlich:

---

[65] Brief an Elaine Shaffer vom Juni 1955, zitiert nach Hesse: *Musik* (wie Anm. 14), S. 209.
[66] Vgl. Brief an Werner Bermig vom 19. März 1952, zitiert nach ebd., S. 191. Vgl. hierzu auch den Briefwechsel zwischen Hermann Hesse und seiner Mutter Marie, in dem deutlich wird, wie häufig Händels Oratorien in Hesses Heimatstadt Calw aufgeführt wurden (*Kindheit und Jugend vor Neunzehnhundert. Hermann Hesse in Briefen und Lebenszeugnissen. Zweiter Band 1895–1900*, hg. von Ninon Hesse. Fortgesetzt und erweitert von Gerhard Kirchhoff, Frankfurt a. M. 1978, S. 238f, 335, 398, 409f).
[67] Bezogen auf den Gesamtkontext des Romans kann der Gang durch die Wüste aus der Filmszene allerdings auch als ‚mise en abyme' für Hallers Leidensweg hin zur Erlösung gedeutet werden (vgl. hierzu Stefan Pfister: *Bildersaal der Seele. Funktion und Bedeutung des Magischen Theaters in Hermann Hesses* Der Steppenwolf, Frankfurt a. M. 2001, S. 114).
[68] Hermann Hesse: *Sämtliche Werke*, Bd. 8: *Die Erzählungen 1911–1954*, hg. von Volker Michels, Frankfurt a. M. 2001, S. 156.
[69] Im *Kurgast* erklingt zwar keine Musik von Händel; allerdings wünscht sich Hesse in einer Szene, dass die Musiker im Kursaal statt der Unterhaltungsmusik ein „Schubertquartett oder ein Duo [!] von Händel" spielen mögen (Hesse: *Werke*, Bd. 11 (wie Anm. 43), S. 67).

„Wäre ich Musiker, so könnte ich ohne Schwierigkeit eine zweistimmige Melodie schreiben, eine Melodie, welche aus zwei Linien besteht, aus zwei Ton- und Notenreihen, die einander entsprechen, einander ergänzen, einander bekämpfen, einander bedingen, jedenfalls aber in jedem Augenblick, auf jedem Punkt der Reihe in der innigsten, lebendigsten Wechselwirkung und gegenseitigen Beziehung stehen. Und jeder, der Noten zu lesen versteht, könnte meine Doppelmelodie ablesen, sähe und hörte zu jedem Ton stets den Gegenton, den Bruder, den Feind, den Antipoden. Nun, und eben dies, diese Zweistimmigkeit und ewig schreitende Antithese, diese Doppellinie möchte ich mit meinem Material, mit Worten, zum Ausdruck bringen und arbeite mich wund daran, und es geht nicht. [...] Ich möchte einen Ausdruck finden für die Zweiheit, ich möchte Kapitel und Sätze schreiben, wo beständig Melodie und Gegenmelodie gleichzeitig sichtbar wären, wo jeder Buntheit die Einheit, jedem Scherz der Ernst beständig zur Seite steht. Denn einzig darin besteht für mich das Leben, im Fluktuieren zwischen zwei Polen, im Hin und Her zwischen den beiden Grundpfeilern der Welt."[70]

Angesichts der dualistischen Struktur der beiden Händel-Stücke aus dem *Steppenwolf* ließe sich schlussfolgern, dass Hesse wenige Jahre später Konsequenzen aus dieser Erkenntnis über das ‚Unvermögen' der Sprache zieht und sich über deren Grenzen hinwegsetzt, indem er ebenjene musikalischen Referenzen in den Text des *Steppenwolfs* einwebt. Wenngleich sie in semantischer Hinsicht abstrakt bleiben, wird hieraus doch die Synchronität zweier Pole offensichtlich. Erst durch die intermedialen Kunstgriffe gelingt Hesse gewissermaßen die wahre Polyphonie. Musik im Allgemeinen und jene von Händel im Besonderen hat damit nicht nur auf der histoire-Ebene, sondern auch im poetologischen Sinne eine Art kathartische Funktion inne und die Erkenntnis des Dualismus als Vorstufe der Erlösung ist auf beiden Ebenen gewährleistet.

VI. Schlussbetrachtung mit vergleichenden Exkursen

Hesses Händel-Bild knüpft zwar vordergründig in seinem Divinitäts-Topos an andere literarische sowie allgemeine populäre Rezeptionsmuster an, hebt sich jedoch in seiner konkreten Ausprägung davon ab. Für den Schriftsteller ist in jedem Fall nicht die Chor-Gewalt der Oratorien ausschlaggebend, auf die bereits im 19. Jahrhundert verwiesen wird, wenn es um das ‚Göttliche' oder auch um den damit verwandten häufig gebrauchten Begriff des ‚Erhabenen' geht.[71]

---

[70] Ebd., S. 125.
[71] So z. B. in einer Rezension in der *AmZ*, wo es über eine Aufführung des *Messiah* heißt: „Selbst Unmusikalische, die nur aus Convenienz den Saal besucht, waren durch die Wirkung des: ‚Wunderbar, Kraft, Herrlichkeit, des Hallelujah, des Ehre sey Gott und Alle Gewalt und Kraft

Auch spielt der messianische Personenkult, wie er beispielsweise Stefan Zweigs zehn Jahre nach dem *Steppenwolf* entstandene historische Miniatur *Händels Auferstehung* prägt,[72] keine Rolle. Mit Ricarda Huchs frühem Gedicht *Händel* teilen sich Hesses Texte zumindest die Referenz auf die himmlischen Sphären samt den wandelnden Planeten:

HÄNDEL
„Unersättlicher! Herrlicher! Weil dir die Augen geschlossen,
Trauerst du, daß dir die sichtbare Welt, die schöne, entrückt ist.
Warst du nicht heimisch im Reiche der Geister? Das Unsichtbare
Hörst du, das dem entsiegelten Ohr allein sich verkündet.
Rauschten nicht heilige Eichen und Pappeln, rauschten nicht Stürme
Ahnungsvollen Gesang in den Traum des erkorenen Kindes?
Und erklang dir nicht manches Mal in silbernen Nächten
Stolz wie Siegesmarsch der wandelnde Gang der Planeten?
Die von den höchsten, den furchtbaren Namen umkreisenden Sphären
Erdwärts tropfen, die fernen dämonischen Töne vernimmst du.
Mehr erträgt kein Sterblicher; an die zerbrechende Hülle
Brandet tödlich und selig das Meer der ewigen Liebe."[73]

Auch Huch lenkt allerdings wie Zweig den Fokus auf die Person Händel als ‚Auserkorenen' sowie auf die göttliche Inspiration, während bei Hesse die (nicht-chorische) Musik selbst für das Göttliche eintritt. Gerade wenn man der Dualismus-These folgen will, ist Hesses Händel-Bild in seiner Konkretion und Differenzierung durchaus als singulär und besonders einzuordnen.

Das bedeutet allerdings nicht, dass Hesses literarische Händel-Rezeption losgelöst vom zeitlichen Kontext zu betrachten ist. Zumindest die beiden den Hallenser betreffenden Referenzen im *Steppenwolf* gilt es auch im Zusammenhang mit der großen Händel-Bewegung in den 1920er Jahren zu verstehen. Allein die Präsenz der Händel'schen Musik im Rundfunk mag zu Hesses Einsatz

---

etc. enthusiasmirt und den Musikern las man das Entzücken über diese göttliche Musik aus den Gesichtszügen ab." (*AmZ* 21, 1819, Sp. 799). Vgl. auch die Ausführungen von Juliane Riepe: „So ist es ein Element der Oratorien, das Händels Gesamtbild seit zwei Jahrhunderten wesentlich prägt: der überwältigende Eindruck von Größe, Kraft und Erhabenheit, die Verknüpfung von Pathos und monumentaler Schlichtheit, die unmittelbare Wirkung, die insbesondere von Händels Chören ausgeht." (Riepe: *Varianten und Konstanten des Händel-Bildes* (wie Anm. 59), S. 163). Vgl. zum Begriff der Erhabenheit auch Sabine Volk-Birke: *Mythos, Allegorie und das Erhabene bei Händel*, in: *Händel-Jahrbuch* 54, 2008, S. 21–34.

[72] Vgl. hierzu Matthias Kruse: Händels Auferstehung – zur Messias-*Rezeption Stefan Zweigs*, in: Ute Jung-Kaiser/ders. (Hg.): *„true to life" – Händel, der Klassiker*, Hildesheim/Zürich/New York 2009, S. 109–142.
[73] Ricarda Huch: *Gesammelte Werke*, Bd. 5: *Gedichte, Dramen, Reden, Aufsätze und andere Schriften*, hg. von Wilhelm Emrich, Köln/Berlin 1971, S. 316.

derselben innerhalb des Radiogleichnisses beigetragen haben. Ein Konnex zu den bisherigen Betrachtungen kann außerdem über den innerhalb der Händel-Renaissance eine bedeutende Rolle einnehmenden Aspekt der ‚Reinigung' und ‚Läuterung' nach den Kriegsjahren gezogen werden, schwingt der Aspekt der Seelen-Heilung doch auch in Hesses Händel-Referenzen mit. Weiterhin kann das die Händel-Bewegung prägende ‚gemeinschaftsbildende'[74] Moment, verstanden vor allem als Gegenpol zur ‚parteibildenden' Musik eines Richard Wagner oder auch der musikalischen Moderne,[75] mit dem bereits formulierten Harmonie-Gedanken in Beziehung gesetzt werden. Falls Hesse hieran geistig anknüpft, so wird er den Begriff der ‚Gemeinschaftsbildung' allerdings nicht im völkisch-nationalen Sinne verstanden haben, wie es in der Händel-Rezeption teilweise auch der Fall war,[76] sondern vielmehr entweder auf der seelischen Ebene im Sinne der friedlichen Koexistenz von Wolf und Mensch oder als Moment der Völkerverständigung. Händel als ‚Kosmopolit' und ‚Europäer' – diese Vorstellungen gehören immerhin ebenfalls zu den populären Händel-Bildern.[77] Es ist zumindest nicht auszuschließen, dass dieser Aspekt für Hesse, den Humanisten, Kriegsgegner und europäisch Gesinnten,[78] ebenfalls eine Rolle spielte, als er sich dafür entschied, die Händel-Referenzen in den *Steppenwolf* einzufügen. Harry Haller wird hier schließlich als Pazifist inszeniert, der sich sogar journalistisch in diesem Sinne äußert.[79]

Das Radiogleichnis, von dem diese Untersuchung ihren Ausgang nahm, kann nach der Auseinandersetzung mit Hesses musikästhetischen Ansichten und insbesondere mit weiteren Händel-Referenzen aus seinen Texten in einem neuen Licht betrachtet werden. Neben dem gesellschaftlich-kulturellen Kontext wird es zu einem großen Anteil die Musik selbst gewesen sein, die für Hesses Entscheidung, hier auf Händel zu verweisen, ausschlaggebend war. In den Werken des Komponisten verbindet sich für den Schriftsteller die Klarheit im Aufbau mit einem ‚strahlenden' Klang und edler Schlichtheit bis hin zur ‚Naivität' und ‚Verklärung', was aus seiner Perspektive wiederum mit Ursprünglichkeit, Kindheit und der Vorstellung eines verlorenen Paradieses konnotiert zu sein

---

[74] Vgl. hierzu Rudolf Steglich in einem Artikel von 1925: „Händels Musik […] ist – ohne Einschränkung – g e m e i n s c h a f t s b i l d e n d . Und daher kann sie wirklich einen Weg zeigen aus dem allzu individuell gelösten Leben in ein neues gemeinschaftlich-geistig-gefestigtes." (Rudolf Steglich: *Händel und die Gegenwart*, in: *Zeitschrift für Musik* 92, 1925, S. 336).
[75] Vgl. Sandberger: *Geistliche Musik im profanen Raum* (wie Anm. 28), S. 329.
[76] Vgl. ebd.
[77] Vgl. Riepe: *Varianten und Konstanten des Händel-Bildes* (wie Anm. 59), S. 160 und 184.
[78] Vgl. hierzu Jürgen Below: *Hermann Hesse-Handbuch. Quellentexte zu Leben, Werk und Wirkung*, Frankfurt a. M. 2012, S. 409–420.
[79] Vgl. Hesse: *Werke*, Bd. 4 (wie Anm. 1), S. 81.

scheint. Der letzte Abschnitt konnte außerdem zeigen, dass Hesse in den Händel-Stücken, auf die er verweist, möglicherweise die harmonische Koexistenz von zwei polaren Entitäten wahrnahm und hier für sich eine Verbindung zu der psychologischen Dimension des Romans ziehen konnte. Vermutlich ist es gerade das Zusammenspiel aller genannten Aspekte, welches Händels Musik aus Hesses Perspektive zum klanglichen Sinnbild des Göttlichen avancieren ließ.

Zeit, Gelegenheit und Mittel
Händel_Göttingen_1920
Ausstellung zur Entstehung
der Händel Festspiele in Göttingen

Andrea Rechenberg (Göttingen)

1920 – der Erste Weltkrieg ist überstanden. Deutschland hat sich verändert, erstmalig wird es von einer demokratisch gewählten Regierung geführt. Kaiser Wilhelm II. hat vor zwei Jahren abgedankt, und 1919 haben sich die Frauen das Wahlrecht erkämpft. Die Gesellschaft wandelt sich. Auch in Göttingen ist die kriegsbedingte Zwangspause zu Ende, und kulturelle Aktivitäten entfalten sich. Göttingen ist zwar nicht Berlin – aber die ‚Goldenen Zwanziger Jahre' werfen auch einen bescheidenen Abglanz auf die kleine Universitätsstadt. Und hier wird am 26. Juni 1920 eine Händel-Oper aufgeführt. Weltweit zum ersten Mal nach fast zweihundert Jahren. Es ist zugleich eine Uraufführung: die erstmalige Inszenierung von Händels Oper *Rodelinda* in deutscher Sprache. *Rodelinda* wird mit großem Erfolg zu *Rodelinde*. Mit ihr beginnt die sogenannte Händelrenaissance – nicht zufällig in Göttingen.[1]

Im Mittelpunkt der Erzählungen zur Entstehung der Händelfestspiele steht dabei immer eine Person, der Kunsthistoriker Oskar Hagen (1888–1957). Über ihn und seine Liebe zur Musik ist vieles bekannt und oft wiederholt worden. Er selber hatte daran nicht einen unerheblichen Anteil. Das Narrativ zu der Entstehung der Händelfestspiele in Göttingen im Jahr 1920 ist entscheidend geprägt durch seinen eigenen Bericht, den er im gleichen Jahr im Mitteilungsblatt des Universitätsbundes veröffentlichte.[2] Oskar Hagen beschreibt und begründet hierin ausführlich seine musikalische und textliche Bearbeitung der Oper *Rodelinde*. Zum Zeitpunkt dieser Veröffentlichung ist bereits klar, dass die Aufführung der Oper im Stadttheater Göttingen (heute Deutsches Theater Göttingen)

---

[1] Georg Friedrich Händel: *Rodelinde. Musikdrama in drei Aufzügen von Nicola Haym. Auf Grund der Partitur der Deutschen Händelgesellschaft übersetzt und für die moderne Bühne eingerichtet von Oskar Hagen*, Göttingen [1920]; zudem Oskar Hagen: *Die Bearbeitung der Händelschen Rodelinde und ihre Uraufführung am 26. Juni 1920 in Göttingen*, in: Zeitschrift für Musikwissenschaft 2, 1919/20, S. 725–732.

[2] Oskar Hagen: *Die deutsche Uraufführung von G. Fr. Händels Musikdrama Rodelinde im Göttinger Stadttheater am 26. Juni 1920, veranstaltet vom Universitätsbund*, in: Mitteilungen des Universitätsbundes Göttingen 2, Heft 1, 1920 S. 21–40.

ein bemerkenswerter Erfolg war, der deutschlandweit auf ein erhebliches Echo stieß. Bis 1927 wurde die Göttinger Fassung von *Rodelinde* in Deutschland auf 21 Bühnen 136 Mal gezeigt.

Der Bericht von Oskar Hagen wurde fortan, in den nächsten hundert Jahren und zu jedem Jubiläum, als primäre Quelle genutzt, zitiert und als Zeitzeugenbeleg angeführt.[3] Geschickt gelang es dem Verfasser darin, seine unzweifelhaften Verdienste an den Aufführungen der ersten Händelopern so herauszustellen, dass viele der anderen Mitwirkenden um ihn herum in die zweite Reihe verwiesen wurden. Einige Akteure wurden fast unmerklich an den Rand gedrängt, andere völlig vergessen. Sie fanden in Hagens Bericht gar keine Beachtung – und somit folgerichtig auch in den weiteren Veröffentlichungen der nächsten hundert Jahre nicht. Ihr Mitwirken an dem großen Erfolg wurde kaum oder überhaupt nicht erwähnt. So erscheint Oskar Hagen als Initiator, Bearbeiter und Dirigent, kurz, als Schöpfer der Festspiele.

Wer sich der Geschichte der Händel-Festspiele widmet, findet eine reiche Auswahl an Festschriften und Redebeiträgen zu den verschiedenen Anlässen und Jubiläen der letzten hundert Jahre. Viele und amüsante Anekdoten lassen die Entstehungsgeschichte der Händelfestspiele oszillieren zwischen spielerischem Zufall und genialer Ideen Einzelner auf der einen Seite und ehrenamtlichem Engagement auf der anderen. Das ist auch nicht ganz falsch. *Rodelinde* wurde von Profis und Amateuren gemeinsam auf die Bühne gebracht. Dazu spielte ein Laienorchester – eine ungewöhnliche Kombination. Doch ohne durchaus professionelle Unterstützung hätte es vielleicht zu einem lokalen Ereignis, aber nicht zu einem überregionalen Erfolg gereicht.

An erster Stelle der Unterstützer ist hier vor allem der Universitätsbund Göttingen als treibende Kraft zu nennen. Das Ausmaß der unterstützenden Maßnahmen des Universitätsbundes ist erst bei den Vorbereitungsarbeiten zur Ausstellung durch die Auswertung einer Akte im Universitätsarchiv Göttingen zu Tage getreten.[4]

---

[3] Zuletzt in: Wilhelm Krull: *Das Ende vom Anfang? Der Erste Weltkrieg, die Wiederentdeckung Händels und das kurze 20. Jahrhundert*, in: *Göttinger Händel-Beiträge* 21, 2020, S. 99–117, hier S. 112 ff.

[4] Archivalien des Universitätsbundes, Signatur: UA Göttingen, Bund 3, Niedersächsische Staats- und Universitätsbibliothek Göttingen.

I. Der Universitätsbund

1918 gegründet, übernahm der Universitätsbund die Aufgaben eines Fördervereins für die Georg-August-Universität Göttingen. Sein erklärtes Ziel war die „Förderung der Wissenschaft, Kultur und zum Wohl der Studierenden".[5] Trotz der schwierigen wirtschaftlichen Lage so kurz nach dem Ende des Ersten Weltkriegs warb der Universitätsbund erstaunliche Summen ein. Damit wurden Vorträge, Musikveranstaltungen und Forschungen finanziert. Außerdem verstand sich der Bund als Alumniverein und wollte die „Zusammengehörigkeit aller ehemaligen und jetzigen Angehörigen der Georgia Augusta pflegen".[6] Er gab eigene Schriften und Mitteilungen heraus und förderte ausdrücklich auch Studierende, Dozenten, wissenschaftliche Hilfskräfte und Institute.

Der Universitätsbund war und ist auch offen für die Stadtgesellschaft. Im Mitgliederverzeichnis 1919 finden sich viele Göttinger Kaufleute, Bankiers, Fabrikanten, Handwerker, Pfarrer und Pastoren, Generäle, Lehrerinnen und Lehrer, Rechtsanwälte, Apotheker sowie etliche weitere Berufsgruppen. Oberbürgermeister Georg Calsow (1857–1931) war Mitglied des Vorstands und stellvertretender Vorsitzender. Neben Privatpersonen waren auch Institutionen Mitglied im Universitätsbund, dazu zählte auch die Akademische Orchestervereinigung Göttingen.[7] Im Universitätsbund war folglich die bürgerliche und die akademische Gesellschaft Göttingens versammelt. Diese bildete dann auch am 26. Juni 1920 das Publikum der *Rodelinde*-Aufführung. Denn am 17. Februar 1920 wurde festgelegt, dass die Uraufführung der Oper als Festakt am Abend der Jahreshauptversammlung des Universitätsbundes stattfinden sollte. Für Publikum war damit auch gleich gesorgt.

Der Universitätsbund trat nicht nur als Finanzier, sondern auch als Organisator der Uraufführung von *Rodelinde* in Erscheinung. Die Verträge mit den Künstlern und deren anschließende Bezahlung liefen über das Büro in der Aula am Wilhelmsplatz. Außerdem betrieb er ein geradezu professionelles Marketing für die geplante Aufführung. Bereits ab März 1920 verschickte er Ankündigungen der Opernaufführung an die überregionale Presse und lud gezielt Journalisten dazu ein. Er druckte Ankündigungen und schaltete Anzeigen in der über-

---

[5] *Satzung des Universitätsbundes Göttingen e. V.*, in: *Mitteilungen des Universitätsbundes Göttingen* 1, 1919, Heft 1, S. 16–32; sowie: *Bericht über die Hauptversammlung des Universitätsbundes Göttingen*, in: *Mitteilungen des Universitätsbundes Göttingen* 2, 1920, Heft 1, S. 11.
[6] Ebd.
[7] *Mitgliederverzeichnis*, in: *Mitteilungen des Universitätsbundes Göttingen* 1, 1919, Heft 1, S. 23–30; *Mitgliederverzeichnis*, in: *Mitteilungen des Universitätsbundes Göttingen* 1, 1920, Heft 2, S. 43–45; *Mitgliederverzeichnis*, in: *Mitteilungen des Universitätsbundes Göttingen* 2, 1921, Heft 1, S. 18–20.

regionalen Presse. Nach der Aufführung wurden selbstangefertigte Rezensionen direkt an Zeitungsredaktionen geschickt. Die Unterbringung der auswärtigen Künstler in Privathaushalten wurde ebenfalls vom Universitätsbund organisiert. So erbat der Vorsitzende des Universitätsbundes, der renommierte Historiker Karl Brandi (1868–1946), von Bürgermeister Calsow eine Adressenliste von in Frage kommenden Haushalten. Sie wurden von Brandi angeschrieben, mit Erfolg, alle Künstler konnten privat untergebracht werden.

1920 war Brandi auch der Rektor der Universität. Für ihn war die Durchführung der Opernaufführung daher gewissermaßen ‚Chefsache'. Sein Sekretariat übernahm im Vorfeld nicht nur die Werbung, die Organisation, Anschreiben an die Presse sowie die Verhandlungen mit der Stadt Göttingen, die Korrespondenz und Vertragsabschlüsse mit Künstlern, sondern später dann auch die gesamten Abrechnungen des Projektes. Wie umfangreich die Verwaltungsarbeit war, zeigt sich daran, dass vom Sekretariat eigens ein Stempel mit der Signatur: „betrifft Rodelinde" angeschafft wurde.

Neben Karl Brandi war Alfred Bertholet (1868–1951) ein wichtiger Mentor des Vorhabens. Bertholet, aus Basel stammend, war Ordinarius für Religionsgeschichte und lehrte von 1914 bis 1928 an der Universität Göttingen, danach wechselte er nach Berlin. Er kannte Oskar Hagen, denn gemeinsam musizierten sie in der Akademischen Orchestervereinigung.

Bertholet war außerdem der Vorsitzende des Musikausschusses des Universitätsbundes. Ihm gelang es, die finanzielle Förderung des Universitätsbundes einzuwerben: Die Aufführung der *Rodelinde* wurde mit 20.000 Mark gefördert. Bertholet war also ein entscheidendes Bindeglied zwischen dem Universitätsbund und dem privaten Kreis um Hagen.

II. Vom Laienensemble zum Festspielorchester: Die Akademische Orchestervereinigung Göttingen

Die Akademische Orchestervereinigung Göttingen, kurz AOV, wurde 1906 vorwiegend von Studenten gegründet, nach dem Muster eines Collegium Musicum. Vorläufer des Vereins war ein loser Zusammenschluss musikinteressierter Studenten. An der Universität gab es zu dieser Zeit kein akademisches Orchester wie an anderen Universitäten, außerdem auch keinen Lehrstuhl für Musikwissenschaft. Dieser wurde erst im Jahr der *Rodelinde*-Aufführung, also 1920 mit der Berufung Friedrich Ludwigs (1872–1930), errichtet. Um mehr Unterstützung für Probenräume und Aufführungen zu bekommen, wurde ein förmlicher Verein gegründet, die Statuten wurden der Universitätsleitung vorgelegt und von ihr genehmigt. Der Verein öffnete sich daraufhin auch Dozenten, Professoren,

Abb. 1: Das Festspielorchester der akademischen Orchestervereinigung, Fotografie, 1922, Städtisches Museum Göttingen

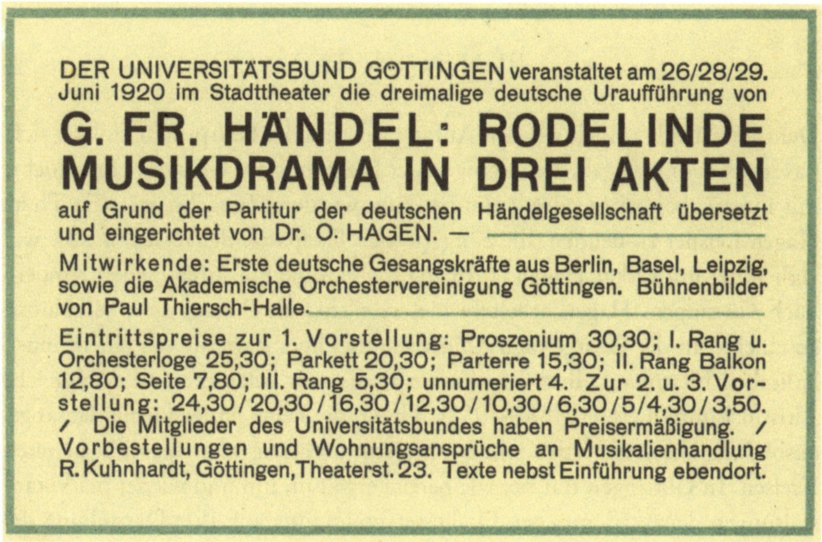

DER UNIVERSITÄTSBUND GÖTTINGEN veranstaltet am 26/28/29. Juni 1920 im Stadttheater die dreimalige deutsche Uraufführung von

G. FR. HÄNDEL: RODELINDE MUSIKDRAMA IN DREI AKTEN

auf Grund der Partitur der deutschen Händelgesellschaft übersetzt und eingerichtet von Dr. O. HAGEN. —

Mitwirkende: Erste deutsche Gesangskräfte aus Berlin, Basel, Leipzig, sowie die Akademische Orchestervereinigung Göttingen. Bühnenbilder von Paul Thiersch-Halle.

Eintrittspreise zur 1. Vorstellung: Proszenium 30,30; I. Rang u. Orchesterloge 25,30; Parkett 20,30; Parterre 15,30; II. Rang Balkon 12,80; Seite 7,80; III. Rang 5,30; unnumeriert 4. Zur 2. u. 3. Vorstellung: 24,30 / 20,30 / 16,30 / 12,30 / 10,30 / 6,30 / 5 / 4,30 / 3,50. / Die Mitglieder des Universitätsbundes haben Preisermäßigung. / Vorbestellungen und Wohnungsansprüche an Musikalienhandlung R. Kuhnhardt, Göttingen, Theaterst. 23. Texte nebst Einführung ebendort.

Abb. 2: Werbekarte zur Ankündigung der Uraufführung der *Rodelinde*, 1920, Städtisches Museum Göttingen

Nichtakademikern und Frauen, in der Mehrheit handelte es sich dabei um Professorentöchter (Abbildung 1).

Im März 1919 wurde Oskar Hagen Dirigent der Akademische Orchestervereinigung Göttingen. Musikalisch wurde eine neue Richtung eingeschlagen. Erstmals gab es Vokalwerke, gesungen von seiner Frau Thyra Hagen-Leisner (1888–1938). Sie sang Arien aus Händel-Opern. Die Musikerinnen und Musiker waren also bereits vertraut mit der Musik Händels. Folgerichtig wurde die Akademische Orchestervereinigung Göttingen 1920 das Orchester für die *Rodelinde*.

1921 folgten die Händel-Opern *Otto und Theophanu*, 1922 dann *Julius Cäsar*. 1923 wurden alle drei bisher bearbeiteten Opern von der Akademischen Orchestervereinigung Göttingen je viermal zur Aufführung gebracht, es kam damit zu einer Art von Repertoire-Bildung. 1924 spielte die AOV zudem *Xerxes*. Ohne das starke ehrenamtliche Engagement der Akademischen Orchestervereinigung Göttingen wären daher 1920 die Aufführung der *Rodelinde* und die Gründung der Göttinger Händel-Festspiel nicht denkbar gewesen (Abbildung 2).

III. Nicht so wichtig?

Dem forschenden Blick auf den Anfang der Händel-Festspiele offenbart sich, dass es zwei Frauen gab, die bislang in der Erzählung zur Gründungsgeschichte mit ihrer Arbeit nicht oder kaum beachtet wurden. Zunächst wäre da Thyra Hagen-Leisner zu nennen, die Sängerin der Titelpartie der *Rodelinde*. Sie war verheiratet mit Oskar Hagen. 1918 zog die Familie mit ihren beiden Kindern nach Göttingen. Hagen arbeitete hier zunächst als Privatdozent für Kunstgeschichte an der Georg-August-Universität. Thyra stammte aus einem musikalischen Elternhaus. Ihre Schwester war die sehr bekannte und erfolgreiche Altistin Emmy Leisner (1885–1958). Thyra, die keine professionelle Gesangsausbildung absolviert hatte, war Sopranistin und sang vorwiegend in privaten Kreisen. In Göttingen trat sie, wie bereits erwähnt, hin und wieder bei Veranstaltungen der Akademischen Orchestervereinigung auf. Ihre Darstellung der Rodelinde 1920 erregte durchaus Aufsehen (Abbildung 3).

In den nächsten Jahren sang sie die weiblichen Hauptrollen in den weiteren in Göttingen aufgeführten Händel-Opern. Die Auskünfte über sie sind spärlich. In den Überlieferungen und Archivalien existiert auch kein privates Foto von ihr, es gibt lediglich einige, wenige Aufnahmen in ihren Rollenkostümen. Es war daher eine Überraschung, bei der Durchsicht von Akten aus dem Archiv des Universitätsbundes Göttingen auf ihren Namen zu stoßen. Im Protokoll vom 17. Februar 1920 wird sie nämlich als Übersetzerin des *Rodelinde*-Libret-

Abb. 3: Thyra Hagen-Leisner (1888–1928) in ihrem Bühnenkostüm als Rodelinde, Fotografie, 1920, Städtisches Museum Göttingen

tos genannt.[8] Dieser Umstand war bisher völlig unbekannt. In dem bereits erwähnten Bericht von Oskar Hagen vom 1. Oktober 1920 schreibt er ausführlich über seine Bearbeitung der Oper. Die Übersetzungsarbeit seiner Frau erwähnt er jedoch mit keiner Silbe.

Für eine weitere Mitarbeit von Thyra Hagen-Leisner an den ersten Göttinger Händelspielen finden sich keine Belege. Sie ist aber dennoch zu vermuten: Wahrscheinlich arbeitete sie weiter mit an der Bearbeitung der Oper und war an der Organisation und Durchführung der Festspiele beteiligt.

---

[8] Protokoll der Sitzung des Verwaltungsrates, 17. Februar 1920, Universitätsbund Göttingen.

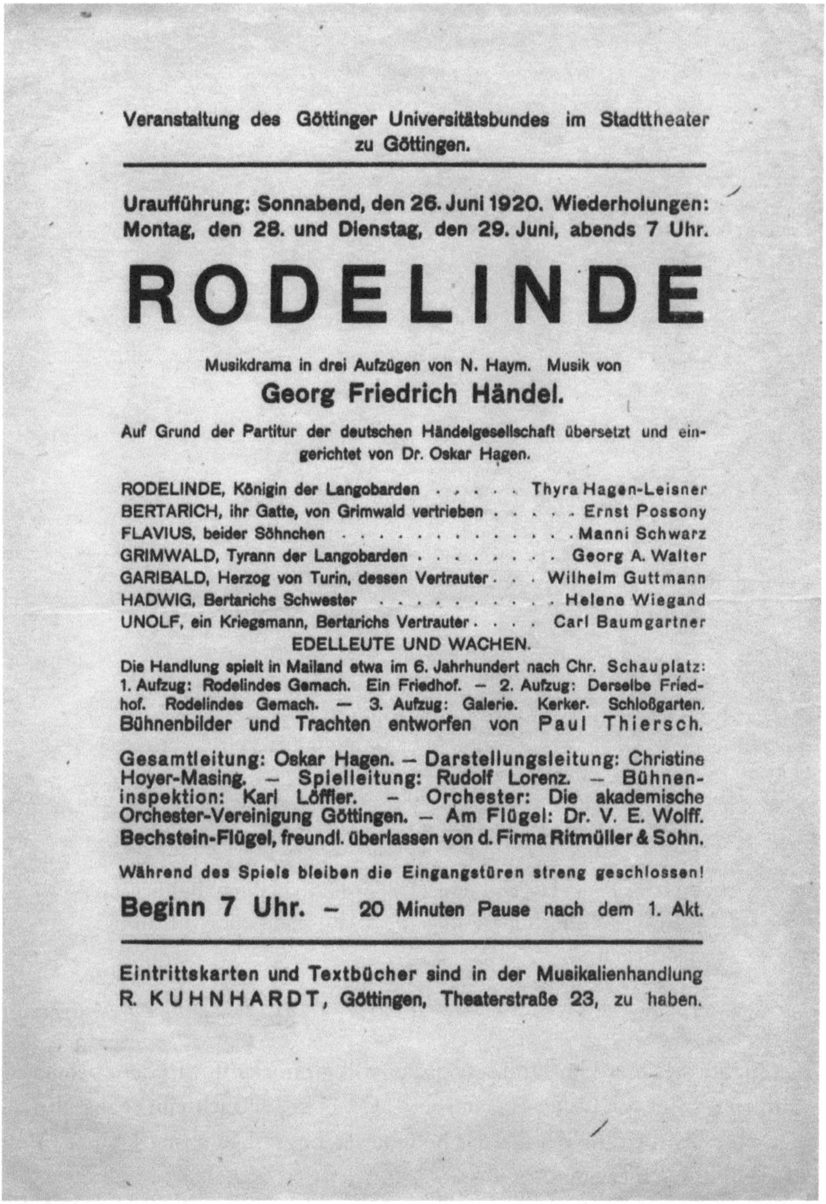

Veranstaltung des Göttinger Universitätsbundes im Stadttheater
zu Göttingen.

Uraufführung: Sonnabend, den 26. Juni 1920. Wiederholungen:
Montag, den 28. und Dienstag, den 29. Juni, abends 7 Uhr.

RODELINDE

Musikdrama in drei Aufzügen von N. Haym. Musik von

Georg Friedrich Händel.

Auf Grund der Partitur der deutschen Händelgesellschaft übersetzt und eingerichtet von Dr. Oskar Hagen.

RODELINDE, Königin der Langobarden . . . . . Thyra Hagen-Leisner
BERTARICH, ihr Gatte, von Grimwald vertrieben . . . . . Ernst Possony
FLAVIUS, beider Söhnchen . . . . Manni Schwarz
GRIMWALD, Tyrann der Langobarden . . . . Georg A. Walter
GARIBALD, Herzog von Turin, dessen Vertrauter . . . Wilhelm Guttmann
HADWIG, Bertarichs Schwester . . . . Helene Wiegand
UNOLF, ein Kriegsmann, Bertarichs Vertrauter . . . . Carl Baumgartner
EDELLEUTE UND WACHEN.
Die Handlung spielt in Mailand etwa im 6. Jahrhundert nach Chr. Schauplatz:
1. Aufzug: Rodelindes Gemach. Ein Friedhof. — 2. Aufzug: Derselbe Friedhof. Rodelindes Gemach. — 3. Aufzug: Galerie. Kerker. Schloßgarten.
Bühnenbilder und Trachten entworfen von Paul Thiersch.

Gesamtleitung: Oskar Hagen. — Darstellungsleitung: Christine
Hoyer-Masing. — Spielleitung: Rudolf Lorenz. — Bühneninspektion: Karl Löffler. — Orchester: Die akademische
Orchester-Vereinigung Göttingen. — Am Flügel: Dr. V. E. Wolff.
Bechstein-Flügel, freundl. überlassen von d. Firma Ritmüller & Sohn.

Während des Spiels bleiben die Eingangstüren streng geschlossen!

Beginn 7 Uhr. — 20 Minuten Pause nach dem 1. Akt.

Eintrittskarten und Textbücher sind in der Musikalienhandlung
R. KUHNHARDT, Göttingen, Theaterstraße 23, zu haben.

Abb. 4: Plakat zur *Rodelinde*-Aufführung am 26. Juni 1920, Städtisches Museum Göttingen

Völlig unbekannt war bisher Christine Hoyer-Masing (1888–1932). Sie nahm als Darstellungsleiterin eine wichtige Funktion bei der ersten *Rodelinde*-Aufführung ein. Außerdem inszenierte sie 1921 und 1922 noch zwei weitere Aufführungen von Händel-Opern in Göttingen. Hoyer-Masing lernte rhythmischen Tanz nach der Dalcroze-Schule. Émile Jaques-Dalcroze lehrte den Zusammenhang zwischen Musik und tänzerischem Ausdruck. Er entwickelte die rhythmische Sportgymnastik und gilt als Begründer des Ausdruckstanzes und des Tanztheaters. In seiner Bildungsanstalt für Musik und Rhythmus erhielt unter anderem auch Mary Wigman ihre Ausbildung. 1920 und 1921 war Hoyer-Masing für die Choreographie und Regie der Opernaufführungen in Göttingen verantwortlich. Die Darsteller sollten nicht nur singen, sondern sich auch ausdrucksstark auf der Bühne bewegen. In den Berichten über die Aufführung wird Hoyer-Masing eigenartigerweise nicht erwähnt. Auch in späteren Quellen ist kein Hinweis auf ihre Mitwirkung zu finden, es existiert noch nicht mal eine Fotografie von ihr.

In seinem Bericht im Oktober 1920 erwähnt Oskar Hagen sie zwar als Mitwirkende, über ihre Arbeit allerdings gibt es keine Auskünfte. Hagen ließ den Eindruck entstehen, die künstlerische Leitung habe allein in seinen Händen gelegen (Abbildung 4).

Diese Sicht wurde auch von anderen Beteiligten übernommen und ging so in die Erzähltradition der Geschichte der Händel-Festspiele ein. Christine Hoyer-Masing wurde vergessen. Ebenso erging es Rudolf Lorenz. Er wird als Spielleiter auf dem Theaterzettel aufgeführt. Aber auch er findet ansonsten keine weitere Erwähnung.

Ob es von Hoyer-Masing weitere Regiearbeiten gegeben hat, ist nicht bekannt. Das einzige, was wir über sie wissen, ist: Sie zog 1916 als Christine Hoyer, geborene Masing, von Dresden nach Göttingen, wo sie 1923 den Philosophen und Mediziner Hans Lipps (1889–1941) heiratete. Aus der Ehe gingen zwei Töchter hervor. 1927 zog sie allein mit ihren beiden Kindern von Göttingen nach Starnberg und ließ sie sich 1932, in ihrem Todesjahr, scheiden.

IV. Der Vertrag von Versailles und das »Deutsche Sehen« von Oskar Hagen

Der entscheidende Faktor, der zu der Gründung der Händelfestspiele führte, ist in der Zeit und der mit ihr verbundenen politischen und gesellschaftlichen Situation zu suchen und zu finden.[9] Das Ende des Ersten Weltkrieges wurde

---

[9] Vgl. Krull: *Das Ende vom Anfang?* (wie Anm. 3).

1919 mit dem Friedensvertag von Versailles besiegelt. Der Vertrag erklärt die alleinige Verantwortung Deutschlands an dem Krieg mit vielen Millionen Toten europaweit. Er verpflichtet Deutschland zu Gebietsabtretungen, Abrüstung und Zahlungen an die ehemaligen Kriegsgegner.

In Deutschland wurde der Vertrag als hart, demütigend und ungerecht empfunden. Diese Erschütterung des nationalen Stolzes drückte sich in einem übersteigerten Nationalgefühl aus, dies erfasste vor allem bürgerliche Kreise. Karl Brandi, der engagierte Vorsitzende des Universitätsbundes, beschreibt dieses Gefühl und seine Bedeutung für die Händel-Aufführung am 15. Mai 1920 folgendermaßen:

> „Wir haben dieses für die deutsche Kultur hochbedeutsame Werk unternommen, einmal, um das Göttinger Musikleben in entscheidender Weise zu fördern und sodann, um auch dem Auslande gegenüber zum Ausdruck zu bringen, dass unser geistiges und künstlerisches Leben auch unter der gegenwärtigen schweren Bedrückung noch Mut und Schaffensfreude besitzt."[10]

Auf der Suche nach neuem Selbstbewusstsein gewannen Kunst und Kultur an Bedeutung. Strömungen der damit verbundenen Wissenschaften lieferten vermeintliche Belege, die die Überlegenheit der deutschen Kultur gegenüber anderen Nationen untermauern sollten.

So erschien 1920 *Das Deutsche Sehen* von Oskar Hagen[11] im Umfeld seiner Monographien zu Grünewald, van Gogh und den ‚deutschen Zeichnern'. Er entwickelt darin Ideen zur Kunst, die stark nationalistisch geprägt sind. Damit bewegt er sich im Rahmen der damals anerkannten Forschermeinung. Aber er geht weiter. Mit seiner These „Wir [die Deutschen] denken mit unserem Blut",[12] offenbart er eine rassistische Denkweise.[13] In der Musikwissenschaft gab es ähnliche Tendenzen. Dazu gehörte es auch, Händel – der 49 Jahre in England lebte und englischer Staatsbürger war – vor allem, in einer seit dem späten 18. Jahrhundert vorherrschenden Sicht, als deutschen Komponisten zu verstehen.

Die Jubiläums-Ausstellung im Städtischen Museum Göttingen hat sich bewusst auf die Umstände und die Beteiligten der ersten *Rodelinde* Aufführung

---

[10] Brief von Karl Brandi an Bürgermeister Georg Calsow am 5. Mai 1920. Brandi bittet in diesem Brief um Adressen von Göttinger Haushalten, die bereit wären, Künstler während der Proben und der Aufführungszeit vom 22. bis zum 30. Juni 1920 bei sich aufzunehmen. Universitätsarchiv Göttingen, Niedersächsische Staats- und Universitätsbibliothek Göttingen.
[11] Oskar Hagen: *Das deutsche Sehen*. München 1920.
[12] Ebd., S. 7.
[13] Dazu Ute Engel: *Stil und Nation – Barockforschung und deutsche Kunstgeschichte*, München 2018, S. 665.

konzentriert. Dazu gehören natürlich ebenfalls Paul Thiersch (1879–1928), ein Weggefährte Oskar Hagens aus Halle und der Erschaffer der expressionistischen Bühnenbilder der ersten vier Festspieljahre. Aber auch Hanns Niedecken-Gebhard (1889–1954) und seine Verstrickungen mit den Nationalsozialisten finden Erwähnung. Er entwickelte die von den Nationalsozialisten geförderten „Thingspiele" als „völkisches Theater" und inszenierte dann die Eröffnungsfeier der Olympischen Sommerspiele 1936 sowie die 700-Jahrfeier Berlins 1937. Belohnt wurde er dafür mit einem vom Reichserziehungsministerium verliehenen Professorentitel und zwei Lehrstühlen.[14] Niedecken-Gebhards langjähriges Wirken als Festspiel-Regisseur von 1923 bis 1954 hat im Übrigen sicherlich zur Verdrängung der Leistungen von Christine Hoyer-Masing beigetragen.

1920 waren Politik und Zeitgeist die Wegbereiter der *Rodelinde*-Produktion, sie trafen auf engagierte Bürgerinnen und Bürger sowie ein gut funktionierendes Netzwerk. Die Präsentation im Museum ermöglicht einen Blick hinter die Kulissen der ersten Aufführung einer Händel-Oper nach zweihundert Jahren. Im weiteren Verlauf der Ausstellung wird ferner deutlich, wie sich Kunst und Kultur mit dem erstarkenden Nationalismus vereint haben.

So dokumentiert die Ausstellung auch ein beeindruckendes Stück Stadtgeschichte während der Weimarer Republik.

Um dem hundertjährigen Jubiläum gerecht zu werden, hat das Städtische Museum Göttingen, gemeinsam mit den Internationalen Händel-Festspielen Göttingen, einen Film produziert der einen Überblick über hundert Jahre Händelfestspiele Göttingen erlaubt. Er begleitet den Weg der Festspiele, von einem lokalen Ereignis zu einer internationalen Großproduktion. Dieser Film (Deutsch mit englischen Untertiteln) ist Teil der Ausstellung und wird ab Juli 2021 auf den jeweiligen Homepages der beiden Kooperationspartner, frei abrufbar sein. Da drei Wochen nach der Eröffnung am 23. Februar 2020 die epidemiologische Situation eine Schließung der Ausstellung erzwang, entwickelte das Museum umgehend ein digitales Format. Diese Digitalausstellung (Deutsch / Englisch) steht auch nach Ablauf der Präsentation weiterhin für Interessierte auf der Homepage des Museums unter www.museum.goettingen.de zur Verfügung.

---

[14] Dazu: Bernhard Helmich: *Händel-Fest und „Spiel der 10.000". Der Regisseur Hanns Niedecken-Gebhard*, Diss. Universität Hamburg, Frankfurt am Main 1989.

Rodelinde.
Musikdrama in drei Aufzügen von Nicola Haym.
Musik von G. Fr. Händel. [...] Übersetzt und für die moderne Bühne eingerichtet.
Faksimile des Erstdrucks von 1920

Oskar Hagen

Faksimile des Erstdrucks.
Das benutzte Exemplar befindet sich in der Zentralbibliothek Zürich (Mus L 218)

Rodelinde.

Musikdrama in drei Aufzügen von Nicola Haym.
Musik von G. Fr. Händel.

Auf Grund der Partitur der Deutschen Händelgesellschaft übersetzt und für die moderne Bühne eingerichtet
von Dr. Oskar Hagen.

Personen.

Rodelinde, Königin der Langobarden	Sopran
Bertarich, König der Langobarden, ihr Gatte; von Grimwald vertrieben	Bariton
Grimwald, Tyrann der Langobarden	Tenor
Eduvig, Bertarichs Schwester	Alt
Unolf, ein Kriegsmann, Vertrauter Bertarichs	Baß
Garibald, Herzog von Turin, Vertrauter Grimwalds	(hoher) Baß

Schauplatz: Mailand. Zeit: Etwa 6. Jahrhundert n. Chr.

Schauplätze der Handlung.

1. Akt a) Rodelindens Gemach im königlichen Palast.
   b) Friedhof mit Grabmälern der Langobardenkönige, darunter dasjenige Bertarichs.
2. Akt a) Derselbe Friedhof.
   b) Rodelindens Gemach im königlichen Palast.
3. Akt a) Kurze Galerie im Palast.
   b) Kurzer, sehr finsterer Kerker.
   c) Garten am königlichen Palast.

Als Manuskript gedruckt! Nachdruck und unbefugte Aufführung dieser Übersetzung verboten. . . Dr. O. Hagen.

Hubert & Co., G. m. b. H., Göttingen.

Erster Akt.

Rodelindens Gemach. Es ist früher Morgen.

Rodelinde (allein).
Ach! Verloren hab ich den Gatten...
Bin verlassen, im Unglück einsam...
Furchtbar steigert sich mein Leid!

(Grimwald und Garibald von rechts.)

Grimwald (am Eingang stehenbleibend, demütig). Königin! —

Rodelinde (ohne sich zu erheben, wendet langsam den Blick zu Grimwald herum, barsch). Herr Grimwald! In meiner jetz'gen Lage ist Beleidigung für mich der Name Königin von dir, der mir gestohlen die Herrschaft, den Gatten...!

Grimwald (etwas näher kommend, eifrig). Den Gatten? Die Herrschaft?... Dies beides will ich grad dir bringen!

Rodelinde (erhebt sich vom Sitz). Wie das?? —
Grimwald (glühend)... Solange noch Bertarich am Leben, dein erster Gatte, verborg ich dir, Rodelinde, mein heimlich Sehnen. Jetzt, da sein Tod meine Bitte berechtigt macht samt meiner Hoffnung, sollst du erfahr'n, wie heiß ich brenne!

Rodelinde (voll abweisenden Stolzes). Was hör ich? Ist's nicht genug dir, Krone und Mann mir zu rauben? Trachtest du auch noch nach meiner Frauenehre? Niemals, Herr Grimwald!! Nicht brauch ich deine Gnade, du — laß mir meine Ehre, sei zufrieden mit der Krone! (Ab.)

Grimwald (zu Garibald, nachdem er der Fortgehenden mit vergehendem Blick nachgesehen). Herzog! Erfuhrst du je höhere Verachtung?

Garibald (tröstelnd). Nie... sah ich Leiden.., härter als deine, König!

Grimwald (gleichsam zur Entschuldigung). Mag sie nicht kränken! Noch kämpft in meinem Herzen Hadwig und diese... und Rodelinde. Rod'linde haßt mich —, doch — Hadwig liebt mich glühend...

Garibald (rasch). Kannst doch beide bezähmen durch — Gewalt!

Grimwald. Wie!! (Den Kopf schüttelnd.) Ich bin zu weich für so 'was.

Garibald (nahe bei Grimwald). Laß mich die Sache nur machen, und du wirst sehen, sie wird bald wen'ger stolz sein.

Grimwald (nach rechts weisend). Dort nahet Hadwig...

Garibald (dringend). Beginne also mit ihr und setz' ins Werk um, was ich geraten. (Er tritt ans Fenster und blickt während des Folgenden — als höre er nichts von allem, was vorgeht — hinaus.)

Hadwig (tritt ein; erstaunt mißt sie vom dem sich selbst vor eigenem Grimwald von Kopf bis zu den Füßen). Was heißt das? Bist, seit du herrschst, so hochmütig geworden? Kennt Grimwald seine Treue?

Grimwald (immer rüh). Seitdem ich Herr, darf ich dies Wort nicht achten, will ich gerecht sein! Ich trug dir meine Hand an. Du schlugst sie aus'

bietest jetzt mir die deine — und: ich verschmäh'
sie. Find' dich damit nun ab! Die Krone teil' ich
mit der, die geliebt einst —
Hab dich geliebt einst —
geliebt, du Spröde! —
Verschmähtest mein zu werden
und sagtest immer: nein!
Als König jetzt will ich nicht
zur Throngenossin wählen,
die damals mich verschmäht!
Nein! Nein!
Verschmähtest, mein zu werden
und sagtest immer: nein! (Ab.)

Hadwig (heftig zu Garibald). Und du willst mich
lieben? Hast du ein Herz du, hast ein Schwert ..
und hörst dies alles, läßt ihn reden solche Worte
solche Kränkung?!

Garibald (schnell und scheinbar sehr dienstbeflissen)
Frau Hadwig, den Augenblick will eilends ich gehorchen! Zu Füßen leg ich dir das Haupt des Be-
leid'gers! (Tut als wolle er Grimwald nacheilen).

Hadwig (erschrocken ihn am Arm festhaltend). Was
willst du? — Nein — warte! Er soll flehent-
lich zu meinen Füßen sich Verzeihung erbetteln und
nie sie doch erhalten! (Entzieht sich ihm plötzlich und eilt ab.)

Garibald (ihr boshaft nachblickend). Und du willst
das vermögen? Bist du so stark?! Gute Hadwig!
Du täuschest dich! Mein Werben gilt ja einzig nur
deiner Krone! Mir baue Frauenhand die Brücke zum
Throne! muß mich darum verstellen! — (voll dä-
monischer Freude).

Leih' Cupido deine Flügel,
will zum Throne auf mich schwingen.
doch du selber: zähm dein Herz!
Liebe, hüll dich in Betrüge!
Ehrlichkeit würd mir zur Klippe,
bin kein liebestoller Tor!
Leih Cupido deine Flügel,
Will zum Throne auf mich schwingen,
Doch du selber: zähm der Herz!
(Indem er abgeht, fällt der Zwischenvorhang. — Verwandlung.)

Ein Friedhof. Hoch gelegen; rückwärts ein Tor in einer, die
ganze Bühnenbreite abschließenden, niedrigen Mauer. In diesem
führt aus der Tiefe eine, von Cypressen eingefaßte, Allee hinauf.
Weiter Ausblick über die Hügellandschaft des Hintergrundes.
Vorn unter hohen Cypressen mehrere Grabsteine, darunter ganz
vorn rechts derjenige für Bertarich mit goldener Inschrift am
Sockel.

Bertarich (eingehüllt in langem Mantel steht in tiefem
Sinnen vor seinem Grabstein).
Eitler Glanz — und Verwesung! — —
Verlog'ne Prahlerei!
Weshalb vergoldet —: meine Büste und mein Name?—
Weshalb verherrlicht man Siege eines Menschen
und macht ihn zum Halbgott?
Hier les' ich, daß ich tot sei.
Anders weiß es mein Leid! Das straft euch Lügen!

„Bertarich unser Herr,
von Grimwald geschlagen,
wurde flüchtig,
ruht jetzt in fremder Erde.
Seine Seele hab Frieden,
Fried' seine Asche."
(Mit furchtbarer Bitterkeit wendet er sich ab.)

„Frieden" für meine Asche!!
Feindliche Sterne! Also: dieweil ich liebe, führe ich
Krieg mit den Schatten?
Ja: — mit den Qualen!
(Einen Augenblick verhüllt er sein Gesicht, dann blickt er voll Sehnsucht über das Tal hin.)
Wo weißt du? . . .
Wo weißt du, geliebtes Leben?
Komm, ach tröste mein armes Herz!

Mich zermartern die Gedanken
und die grauenvollen Zweifel.
Nur bei dir, bei dir ist Ruh!
Komm!! Tröste!!
Tröste mein armes Herz!
(Er bemerkt, in die Tiefe spähend, das Kommen eines Menschen; er ist sogleich sehr erregt, als er in dem rüstigen Kriegsmann, der im Tore, aus der Tiefe kommend, auftaucht, Unolf erkennt.)
Bertarich. Ist das nicht Unolf? Beim Himmel,
ist's der Getreue! (Eilt auf ihn zu und will ihn umarmen.)
Erlaubst du, daß diese Arme dich herzen?
Unolf (wehrt sogleich die Umarmung ab). Ha! Nicht
doch Edler! Wenn das mißgünstige Schicksal das
Szepter Euch auch raubte — — mir nahts mit
nichten die Ehrfurcht vor dem Herrscher . . . und
Untertanentreue schuld' ich dem König. (Abermals wehrend.) Nicht so! Doch Ihr, gestattet mir, als
Pfand der alten Treue, auf diese Hände den Huld'-
gungskuß zu drücken — — (küßt tief verneigend küßt er ihm beide Hände) — — und Gehorsam wie immer
aufs neue zu geloben! Ich meine es redlich!
Bertarich (drückt ihn an sich). Wenn so viel treue
Freundschaft der Lohn meiner trauer'gen Irrfahrt

und meines Mißgeschicks, so preis ich beides! (den Ton wechselnd) Doch, sag mir: meine Gattin, Rodelinde, — wie gehts ihr? Was macht mein Söhnchen?
Unolf. Alle Schmach, alle Leiden, vermochten nicht aus ihren beiden Augen Tränenströme zu locken; doch das vermocht' die Nachricht Eures Todes.
Bertarich. Mein Himmel! Hast du ihr nicht berichtet, daß ich noch lebe?
Unolf (schüttelt den Kopf). Ich wollt', daß ihre Trauer Beweis sei Eures Irrwahns. Ihr täuscht Euch wahrlich! — Verhehlt Euch drum weiter.
Bertarich (nach dem Hintergrund gehend). 's ist für mein Herz so qualvoll — — was seh ich? —
Sieh Unolf — — da — — meine Traute mit unserm Söhnlein! (Will ihnen entgegeneilen.) Laß mich die Lieben umarmen — —
Unolf (ihn haltend und gewaltsam nach vorn zerrend). Nein! Nicht doch, beim König! Wollt Ihr denn, daß Eure Sehnsucht gefährde Euer Leben?
Bertarich (stürmisch, indes er von Unolf immer weiter geschleppt wird). Ach, laß mich nur einmal — — nach so endlosem Fernsein — — laß mich ans Herz drücken meine Gattin — — einmal nur küssen den Knaben!
Unolf (mit dringlicher Bestimmtheit). Ein Augenblick der Freude wär ewiges Verlieren!
Bertarich. Ach welche Qualen!
Unolf. Verbergen müßt Ihr Euch! (Bedingt ihn ins Gebüsch hinter dem Grabstein.)
Bertarich. Du willst mich töten! —
Unolf. Nein — — Kommt, verbergt Euch! Ein

— 10 —

wenig nur Geduld noch! (Beide verbergen sich im Gebüsch hinter Bertarichs Monument.)

Rodelinde (erscheint eben im Tore. Trauerkleider, den linken Arm voll brennroter Rosen; an der rechten Hand führt sie den kleinen Flavius). Schatten! Ihr heil'gen Gräber! Schenket wieder Trost und Labung meinem Schmerz! Ach, dies Grab birgt nur den Namen, nur das Antlitz, — nicht die Asche des Geliebten! Schatten, Haine, ihr heil'gen Gräber schenket Trost mir, schenket Labung meinem Schmerz! (Zum Grabe gekehrt, feierlich, als spräche sie mit dem Toten.) Schatten von meiner Sonne! Hier deine Grabstatt umschwebst du vielleicht und bist mir jetzt nahe, grüßt deine Sträucher, die dein Sohn dir mit der Mutter gepflanzt. (Sie sinkt.) Hör ich nicht Seufzen?

Bertarich (verborgen). Ich ertrage es kaum —

Unolf (ebenso). Zähmt Euer Sehnen!

Rodelinde (kniet am Stein nieder und küßt denselben, dann läßt sie Flavius das gleiche tun). Empfange diese Küsse!

Bertarich (wie oben). Geh... laß mich!

Unolf. Nein doch Herr... seid stille und sehet!

(Garibald tritt hastig auf, gefolgt von zwei Soldaten. Sein Ton Rodelinde gegenüber ist unverhohlt brutal.)

Garibald. Eitles Klagen um die Toten an ihren Gräbern, o Rodelinde! — Doch wohlich, du kommst mit ihnen die den Thron zurückzuerobern.

Bertarich (wie oben). Garibald, der Verräter!

Unolf (wie oben). Keine Empörung!

— 11 —

Rodelinde (hat sich vermirrt erhoben, ihr Ton ist gequält). Mußt du all meine Leiden, Ruchloser, immer wieder mir erzählen?

Garibald. Herr Grimwald verlangt Gehorsam von dir, nicht Widerspruch! Du rettest mit deinem Jawort dein Leben und dein Glück! oder —: bereit' dich

Rodelinde (rash). Wozu? Wohl ——: zum Tode? Ich habe keine Angst! noch minder Hoffnung.

Garibald (lauernd). Du hättest keine Angst! (Tut einen Schritt vor.) Laß! Gib den Knaben! (Entreißt ihr mit einem Ruck das Kind.)

Unolf (wie oben). Ha, dieser Bube!

Bertarich (wie oben). Fassung!

Garibald. Gefahr für diesen mag mindern deinen Hochmut. Du sollst gehorchen! (Geschäftsmäßig.) Herr Grimwald ist willens, dir dein Los zur Entscheidung zu überlassen. Bedenk' Dich! Kurze Frist... und du wählst, sei's: die Krone für den Knaben, oder: den Tod dir!

Rodelinde. Schurke du! — Ich verstehe deinen teuflischen Plan. (Plötzlich scheinbar ganz ruhig.) So höre: Gib mir den Knaben! (Nimmt das Kind zurück und preßt es an sich.) Berichte deinem Herrn... daß ich mich füge und daß mit seiner Hand ich gewählt: die Krone! (Große Bewegung.)

Bertarich (wie oben). Fürchterlich, ich kanns nicht fassen!

Unolf (wie oben). Mein Gott, was sagt sie?

Rodelinde (nun ganz nahe an Garibald herantretend, unheimlich, wie drohend, sodaß dieser unwillkürlich gegen das Tor im Hintergrund zurückweicht). Doch du', der solchen

— 12 —

Rat gibt, zittre du für dein Haupt! Unwürd'ger Diener! Ich werde Richter sein für deine Bübereï. Steh' ich am Thron —: dann fällt dein Haupt! Dein Haupt fällt, Henker der Unschuld, Schamloser Frevler! Über deine Leiche Steig ich freudig dann zum Thron empor!
(Sie eilt mit Flavius nach links ab.)

Grimwald (kommt aus dem Tale). Wie stehts Herzog? Gibts Hoffnung für mich, für meine Wünsche? Was hast du ausgerichtet? Willst du mirs sagen?
Garibald. Ja, Rodesinde wird dein!
Grimwald. Was sagst du? Ists Wahrheit?
Garibald. Du wirst nun glücklich ... doch ich ...: mein Haupt soll fallen.
Grimwald: Fallen! — Weshalb?!
Garibald. Sobald sie Kön'gin wäre — so schwur sie — werd all ihr Grimm sich kehren gegen mich.
Grimwald (faßt ihn an der Hand, um den Friedhof nach dem Tale zu gemeinsam mit ihm zu verlassen). Sei außer Sorge! Ich setze meinen Ruhm zum Pfand ein für dein Leben. Und gegen noch so heftigen Blitz ihres Zorns bist du gewappnet! (Beide ab.)

(Bertarich und Unolf kommen aus ihrem Versteck.)
Bertarich (wie vernichtet). Mein Unolf, beim Himmel, nennst du das treu sein? Und ich lebe! — Wehe mir! Wo bleibt die Treue, die der erstbesten Drohung —, dem ersten Fingriff sich ergibt — unbedenklich?
Unolf. Jetzt muß wohl oder übel sie wissen, daß ihr noch lebet.
Bertarich (gequält). Nein, nein!

— 13 —

Unolf. Was wollt ihr denn?
Bertarich. Nein —: 's wär nicht Treue mehr, 's wäre dann nur noch ein Zwang — —; nicht eigne Tugend.
Unolf. Ich verliere die Fassung! Weiß nicht aus und nicht ein mehr — — hoffe noch immer! — Inzwischen laßt — — und bestimmert. Ob irgend einen Trost ich für Euch finde. (Verliert sich traurig nach links ins Gebüsch.)
Bertarich (geht in furchtbarer Pein langsam noch hinten, lehnt sich an die Mauer und blickt ins Tal hinunter). Ja! Die treulose Gattin glaubt noch, ich sei begraben — — reicht einem neuen Gatten die Hand, die mir gebühzt — — — fröhlichen Sinnes! — Ersieht sie, daß ich lebe — —; welche Verwirrung! (Er kommt wieder nach vorn.)
Ich seh dein Begehren,
du treulose Arge,
die über dem Sarge
verhöhnt ihren Gatten! — —
Erlogene Zähren,
falsch Jammern und Greinen!
Für tot mich beweinen
mich lebend bestatten! — —
(Von dem Gedanken überwältigt bricht er schluchzend vor seinem Grabstein zusammen.)

(Vorhang.)

Zweiter Akt.

(Derselbe Friedhof, wie zu Ende des vorigen Aktes. Es ist Abend.)

Bertarich (das Kinn in die rechte Hand geschmiegt, regungslos, in den sinkenden Abend hinausträumend).

In düstrem Rauschen tönen
weinend zu meinen Tränen
die Bäche und Quellen — — —.
Und Trauerlaute sagen
im Echo meinen Klagen
die Berge und Grotten — — —.

Hadwig (ist links vorn — in der Nähe von Bertarichs Grabstein — erschienen. Sie lauscht einen Augenblick, dann tut sie ein paar kurze Schritte auf Bertarich zu, der sie zunächst noch nicht bemerkt). Nein — nein! Dies ist kein Blendwerk — die Stimme — die Mienen — — Mein Gott! Es lebt mein Bruder! — Ist es! Heidet — vermummt? — Er ist es!

Bertarich (hat den Kopf langsam, ohne sichtliche Erregung, herumgedreht, verharrt aber sonst unbewegt. Leise.) Sie erkennt mich! —
(Sie bricht in Tränen aus.)

Bertarich (immer fast unbeweglich, sehr schwermütig). Erst dir mein Leben den Preis einer Träne? (Indem er ein paar langsame Schritte zu Hadwig hinzu und ihr sanft die Hände von den Augen nimmt.) Nicht doch, nicht mehr geweint! — (Mit schwachem Lächeln.) Bin es ja gar nicht! — König Bertarichs trug die Krone — hatte Vasallen — hatte Verwandte — hatte eine Gattin — Ihr Eignen! — den Glauben an die Treue — an Frauenehre — — ! Für mich von alledem ist nichts geblieben; nur —: an mein bittres Leid — Erinnerung!

Hadwig (roh, voll Liebe zu ihm aufblickend). Ein hartes, böses Schicksal kann nimmermehr die Bande lösen der Liebe, die in uns entknüpfte Natur nach ihrem Gesetz. — (Leise.) Nahm ich dir einst die Krone —: 's ward gerächt durch Rodelinde und ist gesühnt.

Bertarich. Was sich mein Herz ersehnt, ist wahrlich nicht die Krone; die brauch ich nicht. Da ich für tot galt, betrafen meine Pläne nicht den Tand. Dem Tyrannen wollt teureres ich entreißen: die Gattin, den Knaben. Wollt sie der Schmach entführen, wollt in der Fremde Verbannung uns erwählen.

Unolf (ist — von rückwärts aus dem Tal kommend hinter der Mauerbrüstung sichtbar geworden. Er erkennt Bertarich, ehe er Hadwig bemerkt). Sind ich dich endlich! Sanft, beseitet.) Was muß ich sehen? Verraten das Geheimnis? Er ist erkannt schon?

Bertarich (ohne Unolf zu bemerken). Ach.., dennoch! —: dies geringe Sehnen erfüllt mir nicht das Schicksal. Elend sehr ich wieder. Vernehme, daß die ehrlose Gattin verraten meine Treue —

Unolf (rasch dazwischen tretend). Herr, es war Täuschung! Rodelinde ist Euch treu.

Bertarich. Was sagst du Unolf? Redest du wahr?

Unolf. Nicht, gibt es größere Treu als die Euer Gemahlin, nicht reinere Ehre!

Hadwig (rasch Bertarich wieder näher kommend). Nur, daß frei sei Rodelinde — und mit ihr Flavius —, ist das alles, was du die ersehnst?

— 16 —

Bertarich (bitter). 's ist alles! —

Hadwig (entschlossen). So laß mich eilen: Und bald gewinnt dein Herz den Frieden — wie das meine! (Schnell ab.)

Linolf (ihm in gleicher Richtung forteilend). Kommt doch, o Herr. Jetzt hat es keinen Zweck mehr, das Geheimnis zu hüten. Entdeckt Euch Eurer Gattin.

Bertarich (nach kurzem Bedenken). Gut denn! (Er faßt Linolf an beiden Schultern, voll Wärme.) In die ruht all mein Tun und Lassen! (Starr.) Nun, gönn' den Qualen Ruh! Raubt mir nun auch ein Gott Vasallen und Krone..., läßt er mir nur dies eine: Rodelindes heilige Treue...! ich zürn' ihm nicht mehr!

(Indem sie sich beide zum Gehen wenden, fällt der Zwischenvorhang.)

Gemach der Rodelinde wie zu Anfang des 1. Aktes. Rodelinde, Flavius zur Seite, steht in Erwartung. Grimwald auf erhöhtem Platz am Fenster der Rückwand. Grimwald tritt ein — gefolgt von Garibald und einigen Edelleuten.

Grimwald. Rodelinde, ist es wahr —?

Rodelinde. Ja, mein Herr Grimwald, ja — ich ergeb' mich! (Gedankenvoll.) Doch du erfüllst erst eine Bedingung. Dann will ich tun, was du verlangst — als Gattin oder Sklavin!

Garibald (leise zu Grimwald). Paß nun auf, 's gilt mein Leben.

Grimwald (laut zu Rodelinde). So fordre alles; nur eines nicht: das Le...

Rodelinde (rasch einfallend, voll unsäglicher Verachtung). — — das Leben Garibalds?

— 17 —

Grimwald. Nicht dieses!

Rodelinde (spöttisch). Dies hünd'sche Leben — — meinem Stolz gilt es wenig — es bangt vergebens!

Grimwald (entrüstet). Begehre also, Teure, was du nur magst. Ich schwöre: alles sei gewährt.

Rodelinde (mit großem Nachdruck). Sollst auf dich nehmen entschlossener Tat Entehrung — — sollst heißen: Schurke!... Sollst — töten dieses Knäblein hier auf der Stell vor meinen Augen! (Sie läßt Flavius einen Schritt vortreten.) Schreib selbst dir deinen Grabspruch: "So niedre Schandtat war all deinem Ruhm im Leben!"

Grimwald (entsetzt). Was verlangst du?

Rodelinde. Ja, das verlang' ich; dies sei die einzige Bedingung.

Grimwald. Du scherzest!

Rodelinde. Nein — kein Scherz ist's und keine Arglist. Wie könnt ich je beides sein: Mutter des rechtmäßigen Königs — —, Frau des Tyrannen an diesem Teutschen Busen herzen zugleich den Sprößling und — seinen Erbfeind?

Grimwald (zu Garibald). Weh Herzog! Um solchen Preis würde mein Rodelinde?

Rodelinde (tritt die Stufen herab, sobald sie — die Hand auf Flavius gelegt — nun hart vor Grimwald steht. Dieser weicht scheu vor ihr zurück. Garibald kehrt sich ab und sieht während des Folgenden, ingrimmig und in sich gekehrt, mit verschränkten Armen halb im Dunkeln). Einzig um diesen Preis erkäufst du meine Hand. Wähle denn, bedenk es! Denn, würdest du mein Gatte — ich

— 18 —

deine Gattin: vermähle ich mich der Rache, wie
du dich — dem Tode!
Ja hört mich! Ich hab's gelobt:
Gab das Leben ich dem Knaben,
wahr ich auch ihm Ehr und Namen!
(Ab mit Faustina.)

Unolf war schon während des Nachspiels zu Rodelindes letzter Rede völlig eingetreten. Als er die Anwesenheit der beiden Männer bemerkt, unterließ er sich, nur tief vor ihr verbeugt. Man merkt ihm den Mißmut an, daß er ihr die Mitteilung, die er bringen wollte, nicht machen kann. Grimwald tritt auf ihn zu.

Grimwald (verzweifelt). Ach Unolf! Garibald!
In meiner Seele stirbt jede Hoffnung auf glücklich
Gelingen. Und doch stirbt nicht — die Liebe;
sie bleibt die gleiche —

Unolf (mit flammendem Blick). Eure Ehre fraget
lieber; mehr als Lieb ist sie wert: Sie heißet Euch
handeln!

Grimwald. Ach ehrenhaft ist sie. Und ihre
Treue macht mich sie lieben, mein Unolf, — —
grad diese Treue!

Unolf (ängstlich). Habt genug an der Treu!
Liebt ihre große Seele, nicht ihren Leib —

Grimwald (zu Garibald). Was soll ich unternehmen?

Garibald (mit haßerfülltem Blick wendet sich heftig
herum). Laß dich nicht blenden von dem Prunk
ihrer Worte! (Mit gezücktem Schwert, als ermorde er das
Kind.) Den Knaben töte — — und: sie wird selbst
dich hindern.

Unolf (aufflammend zwischen beide tretend zu Grimwald).

— 19 —

Mit dem Blut eines Königs — — eines unschuldigen
Kindes — — beflecken Euch? —

Grimwald (mit schwerem Atem — unsicher). Niemals — ! der Ehre lautrer Stolz hört keine
Leidenschaft und — — Ehr' verbietet's. (Er winkt
den beiden sich zu entfernen. Unolf und Garibald ab.
Grimwald setzt sich für einen Augenblick und grübelt vor sich hin.
Dann fährt er auf und tut ein paar Schritte, — als wolle er
haftig das Gemach verlassen, stockt dann wieder, als fasse ihr
Treue und bricht (schließlich) verzweifelt aus:)

Meine Seele seufzt in Ketten
doch so wonnevolle Fesseln
reizen mich zur Freiheit nicht. (Ab.)
(Einige Augenblicke bleibt die Szene leer, dann stürzt in heftiger
Erregung Rodelinde herein.)

Rodelinde.
Lebend mein Gatte!!?
Laß mich nicht warten!
Meine Augen, — — meine Hände — — ach, all meine
Sinne ersehnen ihn, den Geliebten! Ihr Götter!
Wie klopft das Herz mir! Hämmert so tausend
Will es die Brust zersprengen? Hämmert so tausend
Ist Freude daran schuld — —, ist es der Kummer?
(Ausschend).

O säum' nicht länger, holder, süßer Geliebter!
Bring Trost und Fried und Hoffnung dieser Brust.
Du machst die Leiden alle mich vergessen,
Du bist das Bad, das meine Seele selbst!
O säume nicht länger, holder, süßer Geliebter!
Bring Trost und Fried und Hoffnung dieser Brust!

Bertarich (tritt ein und bleibt demütig gesenkten Hauptes
hart am Eingang stehen).

Rodelinde (ohne seine Gegenrede sogleich zu verstehen,
eilt ihm entgegen). Ja, ja, dies ist mein Gatte! O

— 20 —

treues Leben, holder Liebster, du bist es! (will ihn umarmen.)

Bertarich (sanft abwehrend). Nicht so! Nicht würdig bin deiner keuschen Küsse vorerst ich noch. Kannst sich je Zweifel hegen an deiner Treue! Sieh mich hier (er kniet und ergreift den Saum ihres Gewandes) — zu deinen Füßen. Für meinen falschen Argwohn schenk' mir Vergebung! Dies mußt du mir gewähren: Sprich los mich, du Reine! Dann erst sollst du mich küssen.

Rodelinde (überwältigt, hebt ihn zu sich empor und nimmt sein Haupt in beide Hände, blickt ihm tief in die Augen). Glut unserer Liebe, wie könntest du erkalten? Das Eis der Eifersucht zerschmilzt vor dir. (Innig) Du Seele meiner Seele! (Sie küßt ihn.)

Grimwald (sich hereinstürzend, gefolgt von Wachen). Was erleb ich?! — Dies ist die Keusche!

Bertarich (zurückfahrend). Ihr Götter!

Rodelinde (ebenso). Herr des Himmels!

Grimwald (mit geifernder Ironie). Dies also ist die „Treue", die voll Trauer und Tränen die „Gattenehre" verschützt?! (Zu Rodelinde im Tone des Vorwurfs) Dich liebt ein Heerscher, er bietet dir sein Herz, sein Leben, die Krone — du verschmähst' seine Gaben, spielst die Gekränkte?!

Rodelinde (schnell und leise zu Bertarich). Er ahnt nicht, wer du bist — was sag ich? — was tu ich?

Grimwald (nun ganz in Zorn). Unverschämte! Was heißt das? Weißt dich auch jetzt noch zu entschuld'gen? Verschlägt es dir nun die Rede? Nimmst — — als Buhlen n'en Fremdling, gleich,

— 21 —

ob edel geboren, ob niedrig; — — schlägst aus dem König?!

Bertarich (heftig für sich). Das deut' ich nie, daß aus Angst und Furcht um mich hoffen blieb an der Reinen solch ein Schmutz'ger Verdacht?! (Laut) Nein, nein — (wieder beiseite): Wär's ihr Tod auch, bleib doch heil ihre Ehre! — (Laut) Nein! Herr Grimwald, 's ist nicht so. Du Schmähst mit deinem Argwohn Unschuld und Reinheit. Keusch sind ihre Küsse — denn ich — bin ihr Gemahl. Bertarich bin ich!

Grimwald (aufs höchste betroffen). Du — — wärst — — Bertarich?!

Rodelinde (schnell). Er — — beliegt — Euch!

Grimwald. Bertarich — —, der ist tot!

Rodelinde (schnell). Meine Ehre zu retten nennt er sich so.

Bertarich. Bertarich. So seht doch — — — is's Beweis nicht, daß wirklich ich's bin, wie sie sich um mich ängstet und verleugnet gar ihre Ehr, um mich zu schützen?!

Grimwald (herrisch zu den Wachen). Man führe ihn in Gewahrsam! (Zu Rodelinde) Nun du, hör an denn: ob er Buhle oder Gatte — einmal noch küß ihn, drück ihn ans Herz! Das will ich nicht verwehren, ... Denn, — ob so oder so, bedeutet es für euch: Abschied auf ewig! (Ab.)

(Die Wachen bleiben auf seinen Wink am Eingang.)

Rodelinde. So sollt es nicht genug sein, von fern durchbohrt zu werden mit dem grausamen Wort: du seist gestorben. Nein, noch gräßlich're

— 22 —

Qual sollt ich erdulden. — — Die Liebe wollt es haben, daß du stirbst — — vor meinen Augen!

Bertarich. Ach Liebste — bin trotzdem mit allen meinen Leiden nun ausgesöhnt. Vom Glück zwar arg verraten, doch nicht von dir, du Einz'ge? Das macht mich dankbar.

Beide.

Einen Kuß!
Ach, härter als das bittre Sterben
trifft mein Herz dieses Abschieds,
der mich ewig von dir scheidet!
Ach mein Leben! Wärs bitter!:
Doch, ach, wie bitter!:
Der Gedanke, der uns Tod gibt,
tötet nicht?

(Vorhang.)

Als beide sich zum letzten Abschied noch einmal umarmen, reiten 2 Mann der Wache mit Bertarich heran und führen ihn gewaltsam fort. Rodelinde will, als sie hinaus sind, ihnen nach, kommt aber nur ein paar Schritte vorwärts. Wachen stellen sich in den Weg. Mit einem Schrei bricht sie ohnmächtig zusammen.

Dritter Akt.
Kurze Gallerie. Halbdunkel.

Hadwig und Unolf kommen hastig und leise miteinander redend von rechts.

Hadwig. — — Ihm sein Los noch zu wenden, — — ihn zu befreien — — weißt du nicht Rat?

Unolf. — — wie sollt ich?

Hadwig. Ist nicht der Kerker in deine Hand gegeben?

— 23 —

Unolf. Ich habe freilich Vollmacht, zu jeder Stunde den Kerker zu betreten; hast Recht doch, was nützts?

Hadwig (gibt ihm einen Schlüssel). Dies ist der Schlüssel — dieser öffnet den Kerker, das Pförtchen zu dem geheimen Gang in den Garten. Ich harre dort mit Rodelinde auf euch. Laß mich nur sorgen, daß offen stehn die Wege, die uns zur Freiheit führen, aus dieser Gegend. (Sie sind vorbeigegangen und verlassen nun die Scene, die einen Augenblick leer bleibt.) (Grimwald und Garibald kommen ebenfalls von rechts und schreiten noch links hinüber.)

Garibald. Nein, nimmer ist dies Bertarich — oder das Schreiben des Hunnenkönigs hätt' gelogen ... (Saur.) Willst du den Thron bewahren, so mußt du ihn vernichten!

Grimwald (bleibt stehn). Wild erregt ist mein Denken durch tausend Zweifel. Hier Verdächte — dort die Liebe — hier die Hoffnung — dort Berückung — und — meine Ehre! — doch — das Bangen um die Krone!

Garibald (ebenfalls stehen bleibend). Darauf vor allem dem andern, darauf kommts an; — ob unberechtigt, ob nicht —; die Krone mußt du stützen, drum muß er sterben!

Grimwald. Doch, — wäre der Echte —

Garibald. Doch, —: wirds dieser Mann vernichtet, wie hätt ich jemals Ruh vor der Frau, vor Rodelindes Rache.

Grimwald. Wie hätt'st du jemals Ruh, solang er lebt? — obs der Echte, oder Falsche!

Garibald (dämonisch). Sehr richtig!

Grimwald (erschrocken).

— 24 —

Garibald (barsch). Was bangst du? Erkennst
du denn noch nicht die Gefahr, die dir droht?
Rodelinde und Hadwig vereinen ihre Pläne und
all ihr Hassen! Also: töte den Feind — — sonst:
verlierst du die Krone! (Ab.)
Grimwald.
Diese Zweifel! .. Die Liebe! ... Das Bangen!
Wohin treiben die wilden Gedanken — —

Will verzichten.... Nein! Ich halte die Krone...
doch ... die Reue!
Nein! Das Bangen vor Trug! (Stürzt in wilder Auf-
regung hinaus.)
(Schnelle Verwandlung.)

Sehr finsterer niedriger Kerker.

Bertarich (den Kopf in die Hände vergraben, fast
regungslos).
Wer von euch verriet mich ärger:
— Blinde Liebe? Hartes Schicksal?
— Wer von beiden trog mich mehr?

Mich verfolgt Fortunens Hassen. —
Stieß vom Thron mich
legt mich in Fesseln — —
und die Liebe? — —:
halb dabei!

Wer von euch verriet mich ärger:
Blinde Liebe? Hartes Schicksal?
Wer von beiden trog mich mehr? — —
(Für einen Augenblick bringt — durch eine Spalte im Ge-
wölbe — ein Lichtstrahl in den Raum. Ein Schwert wird von
oben herabgeworfen. Die Maueröffnung schließt sich sogleich
wieder und es herrscht tiefere Nacht wie zuvor.)

— 25 —

Ha! Was ist das?
Es bewegt sich der Stein — — —
Was fällt herab? (Sucht umher.)

Dichtes Dunkel, furchtbare Nacht!
Nichts kann mein Aug erkennen — — —
(Es tastet am Boden und findet endlich das Schwert.)
Da! ... habs gefunden!
Von Freundeshänden kommt dieses gute Schwert mir:
Es scheint zu sprechen:
„Mit dir in aller Fährnis!
Schwinge mich, dich zu verteid'gen.
Was die Zukunft auch bringe,
Ich sorge treu für dich.
Laß nur die Freunde besorgen, was not tut!"
(Freudig erregt.)
Wohl denn, ich schwing dich,
mein Degen, von lieber Hand gesandt,
du edliche Waffe!
(Man hört draußen ein Schloß knarren.)
Ha! da rasseln die Schlösser — — man will in
meinen Kerker!
Da kommt der Henker, mit verbunden den Tod!
(Verteidigungsbereit, hinter einer Säule, auf die dunkle Ge-
stalt, die sich tastend nähert, lauernd.)
Freudiger Kampfmut, du entflammst mein ganzes
Sein!
(Springt vor und verwundet... Unolf.)
Elender! Stirb denn!
Unolf (fallend). Bertarich! Mein Herr!
Bertarich (jachs ruckste erschreckend wirft die Waffe zu
Boden) Was tat ich! Mein Unolf! Mein Gott!

— 26 —

Unolf (rafft sich gewaltsam zusammen). Nicht doch, Herr! Die Gesunden sind kostbar! — Die Zeit nicht vergeuden mit Klagen und Entschuld'gung! Mehr als an dieser Wunde liegt mir an Eurer Freiheit und an Eurem Leben! — — Laßt dies Gewand am Ort. (Nimmt ihm den Mantel ab.) Legt es ab — und dann schnell hinaus zur Pforte! Hier... nehmt den Degen... und; eiligst! (Drängt ihn fort.)
(Reicht ihm das Schwert vom Boden.)

Bertarich (tief ergriffen). Mein Unolf, nun, da ich es nicht verdiente, nun lößt du meine Ketten?

Unolf (aufsp.). Nur fort, eh' der verdammte Wächter Schritte! (Drängt Bertarich ins Dunkel, worin beide alsbald dem Blick entschwinden.)
(Kleine Pause. Dann Hadwigs und Rodelindens Stimmen aus dem Dunkel)

Hadwig.... ohne Sorgen! (Rufend.) Mein König! Mein Bruder!? — Niemand gibt Antwort — — so finster der Kerker.

Rodelinde. Ach, wie richtig vor mein Argwohn!

Hadwig. Wart, ich hol' die Fackel. (Man erkennt nunmehr Rodelinde, die sich langsam vorwärts tastet.)

Rodelinde. Wo bist du, mein Bertarich? Herzliebster! Gib mir doch Antwort — — (oder schläfst er?) Sprich, wo bist du! — Wo soll ich suchen? Hier komm ich! (Der Schein fällt plötzlich auf den Mantel am Boden.)

Hadwig (nähert sich rasch mit einer Fackel).

Rodelinde (gleichsam erstarrend). Ha! Ich wußt es...! Hier.. sein Mantel!... Da...! frisch

— 27 —

vergoßnes Blut..! (Sieht nach rückwärts). Der Gang geöffnet! Braucht es mehr? Was noch suchen? Dieses Blut hier sagt alles...und dieser Mantel — (Sie wankt). Ach!.. kann nicht mehr!... das Herz will mir zerbrechen... (Schluchzend fällt sie zu Boden und küßt inbrünstig den Mantel.)

Hadwig (in kindlicher Hilflosigkeit dabeistehend). Ach... Rodelinde!... Ihr Götter — Was soll ich sagen? — Wo wär da ein Trost?

Rodelinde (am Boden, sehr schwach).
Ach Hadwig.... Dein Bruder ist jetzt tot...
Mein Söhnchen ist verwaist; sein Vater ist nicht mehr...tot ist mein Gatte! —
Fürchterlich!
kanns nicht ertragen! —
(Ganz leise beginnend, dann allmählich sich erhebend, von einsiedlerischer Klage zu furchtbar leidenschaftlichem Ausbruch ihres Jammers übergehend; Hadwig verliert sich im Dunkel des Hintergrundes.)

Ach weshalb
du mein Gott,
soviel Leiden für dies Herz!
Sag doch wo,
wo er ist,
der Geliebte, der mir starb!
Daß ich küsse
Mund und Augen...
Gönn, ach gönn mir
dieses Eine vor dem Tod!
Sag doch wo,
wo er ist...
Gönn ach gönn mirs vor dem Tod!
(Zwischenvorhang.)
(Schnelle Verwandlung.)

— 28 —

(Schloßgarten links Portal aus den inneren Gemächern; rechts Ausgang aus dem geheimen Kerkergang. Halb noch Nacht, halb schon erstes Morgengrauen.)

Grimwald (hastig, furchtbar erregt, wie gehetzt, stürzt aus dem Schloßpförtchen). Höllenqualen hier im Herzen! — Was schwingt ihr euere Geißeln, ihr Schreckensfurien?! Was hetzt ihr mich; Eifersucht, Entsetzen und Liebe!! —

Nicht länger kann ich ertragen diese Gewissensqualen! — Grimmig klaffende Hunde —, was soll euer Bellen! Was höhnt ihr mich?! — Treulos ich? — Betrüger? — Räuber des Throns? — Schänder? — Ausgestoßener!! (Ruhiger werdend, sich am Raine niederlassend.) Im Moose rauscht die Quelle ... Willst du Frieden der Morgenwind raunt leise ... Ach, schlafen mir bringen träumender Hain? ... schlafen nur schlafen!! ... Könnt' ich den Frieden finden am murmelnden Quell, gerne wend' ich den Stufen des stolzen Königsthrones auf immerdar den Rücken, — tausche ein ein Gewissen, das rein ist, ... das mich nicht ängstet! (Streckt sich im Grase aus.) Hirtenknaben, die Hüter der Triften, sie schlummern in Frieden unterm Schatten der Buchen und Linden. Ich, ein Herrscher in Macht und in Fülle, kann Ruhe nicht finden unter Purpur und goldener Hülle! (Er schläft ein.)

(Beginnender Morgenrot.)

Garibald (aus der Tiefe kommend, erkennt plötzlich den schlafenden Grimwald). Was seh' ich? O günstige Stunde, die meine Pfade leitet! — Mit dem eignen Schwerte und eben diesen Händen, die einstmals ihn gekrönt .. will ich ihn fällen! (Naht be-

— 29 —

hutsam das Schwert von der Seite des Schlafenden, dieser erwacht.

Grimwald. Wer bedroht mich? (Schnellt sich rasch).

Garibald (rasch). Erwacht er? (Tritt mit dem Schwert in der Hand etwas zurück.)

Grimwald (der nach seiner Waffe sucht). Ich bin bestohlen! Wer hat mein Schwert geraubt?

Garibald (vorzeigend). Stirb denn, Tyrann!

Bertarich (eben aus dem Gang des Kerkers gekommen, stürzt herzu). Nein, du selbst, du Verräter fällst jetzt! Rabell! (Verfolgt den Fliehenden in die Szene.)

(Es wird rasch hell.)

Grimwald (schreiend).
Herbei! Soldaten! Herbei!

(Sich besinnend.)

Wer war mein Retter? Wer war es?
Wer brachte Hülfe mir ..?
Bertarich war es?

Rodelinde (die mit Hadwig, ebenfalls aus dem Kerker kommend, herbeigeeilt ist, hat nur die letzten Worte gehört). Ja, es war Bertarich, den du getötet hast, grausamer Mann du!

Bertarich (zurückkehrend, wirft das Schwert vor Grimwalds Füße — ohne Rodelinde zu erkennen). Hier Grimwald — nimm den Degen!

Rodelinde (wankend vor freudigem Schreck). Was ..? Was seh ich? ... Was ich? .. Träume ich? ... — Bin ich bei Sinnen?! ...

Bertarich (zu Grimwald). Sehet mich! Hab' mich besteckt mit dem Blute eines Freien. Hab' ihn erschlagen, den Meuchler, der dich ruchlos verraten,

— 30 —

der mir Rebell war. Sühne nun seinen Tod mit meinem Blute.

Grimwald. . . . Und . . . du . . . wärst wirklich Bertarich?!

Rodelinde (Bertarich umarmend). Willst du noch mehr Beweise von mir, von meinem unbesiegten Herzen?

Grimwald. . . . Doch . . wer kannt dich befreien . . die Ketten sprengen?

Unolf (der eben aus dem Schlosse kommt). Ich, sein Getreuer — bin schuldig.

Hadwig (vorkommend). Auch ich kannt nicht ertragen, mit anzusehen die Leiden meines Bruders in harten Fesseln.

(Die Bühne füllt sich mit Soldaten, Edelleuten, Frauen und Kindern, unter diesen Flavius.)

Grimwald (Unolf und Hadwig die Hände hinstreckend). Seid Freunde beide von Bertarich?
Auch ich möcht' Freunde euch heißen,
denn euch dank ich mein Leben. — — —
Sei Hadwig meine Gattin!
Laß dich umarmen!
Sei Herrin von Pavia, wie's dir gebührt!
(Zu Bertarich.)
Sei König von Mailand, du echter Herr.
(Zu den Umstehenden.)
Laßt uns ihm huld'gen, der zu Recht regiert!
(Alle knien huldigend nieder.)

Bertarich. Nein, nein, mein Grimwald . . . . will garnichts anderes haben ..

— 31 —

Grimwald (Flavius und Rodelinde hinzuführend). Nimm dein Söhnlein . . . die Gattin . . . und deine Krone!

Bertarich (weiß und sinnsküssend). Sind zu End' alle Leiden?

Rodelinde (selig). Liebster! Komm — küsse ihn! Komm du an mein Herz!
(Die Sonne ist aufgegangen und überflutet die Szene mit ihrem warmen Licht).

Alle
Auf Grauen folget Wonne;
Nun lacht uns neu die Sonne,
Hell leuchtend, voll Entzücken
Strahlt jetzt des Morgens Licht!

All Leiden ist vergangen!
Voll Freud und Lustverlangen
Aus blütenschwerem Haag
Grüßt froh der Friedenstag!
(Vorhang.)

Ende.

(Allgemeine Huldigung vor Bertarich und Rodelinde.)

Internationale Bibliografie der Händel-Literatur 2019/2020

Zusammengestellt von Esma Cerkovnik (Zürich)

Die nachfolgende Bibliografie setzt die im Band XXI abgedruckte fort. Eingang fanden wissenschaftliche Publikationen zu Georg Friedrich Händel des Jahres 2019, die noch nicht in der letzten Bibliografie berücksichtigt werden konnten, sowie solche des Jahres 2020, die zum Zeitpunkt der Zusammenstellung der vorliegenden Bibliografie greifbar waren. Für eine komplette Bibliografie der Händel-Literatur von 1959 bis 2009 siehe die von Hans Joachim Marx verantwortete Veröffentlichung, die 2009 im Verlag Vandenhoeck & Ruprecht in Göttingen herauskam. Folgende Sammelpublikationen werden im Folgenden abgekürzt zitiert:

Göttinger Händel-Beiträge 21, 2020
Laurenz Lütteken / Wolfgang Sandberger (Hg.): *Göttinger Händel-Beiträge. Begründet von Hans Joachim Marx*, Bd. XXI, redaktionelle Mitarbeit Lea Kollath, Göttingen 2020.
Händel-Jahrbuch 66, 2020
Georg-Friedrich-Händel-Gesellschaft e. V. / Stiftung Händel-Haus (Hg.): *Händel-Jahrbuch*, 66. Jahrgang, Kassel u. a. 2020.

Biografisches, Historisches, Quellenstudien

Aspden, Suzanne: *The Idea of Past in Eighteenth-Century British Music*, in: Sarah Hibberd / Miranda Stanyon (Hg.): *Music and the Sonorous Sublime in European Culture, 1680–1880*, Cambridge / New York 2020, S. 63–90.
Beeks, Graydon: *John Langshaw as a Handel copyist*, in: *Newsletter of the American Handel Society* 35, 2020, Heft 1, S. 1–3.
Burrows, Donald: *In Handel's Shadow: Performances of Messiah in Dublin during the 1740s*, in: *Musical Times* 161, 2020, Heft 1950, S. 9–19.
Burrows, Donald u. a. (Hg.): *Georg Frideric Handel: Collected Documents Volume 3: 1734–1742*, Cambridge / New York 2019.
Burrows, Donald u. a. (Hg.): *Georg Frideric Handel: Collected Documents Volume 4: 1742–1750*, Cambridge / New York 2020.
Gallois, Jean: *Georg Friedrich Haendel*, Paris 2019.
Harris, Ellen T.: *‚Master of the Orchester with a Sallary': Handel and the Bank of England*, in: *Music & Letters* 101, 2020, Heft 1, S. 1–29.
Holman, Peter: *Before the Baton: Musical Direction and Conducting in Stuart and Georgian Britain*, Woodbridge 2020 (= Music in Britain 1600–2000 23).
Hurwitz, David: *Listening to Handel: An Owner's Manual*, Lanham 2019.
Joncus, Berta: *Fixing her Reputation: Giulia Frasi and her Ranelagh Garden Concerts*, in: *Händel-Jahrbuch* 66, 2020, S. 137–180.
Jones, Andrew V.: *A Handel Footnote Amplified*, in: *Händel-Jahrbuch* 66, 2020, S. 369–390.
Lee, Jonathan Rhodes: *Giulia Frasi: Singer of Sentiment*, in: *Music & Letters* 101, 2020, Heft 1, S. 1–29.
Košenina, Alexander: *Saiten und Seelen. Literarisch-anthropologische Harmonielehren zur Zeit Händels*, in: *Göttinger Händel-Beiträge* 21, 2020, S. 57–69.
Marx, Hans Joachim: *By Heaven Inspired: Die Bildnisse von Georg Friedrich Händel*, Laaber 2020.
O'Hanlon, Tríona: *The Mercer's Hospital Charity Services: Music and Charity in Eighteenth-Century Dublin*, in: Alison DeSimone / Matthew Gardner (Hg.): *Music and the Benefit Performance in Eighteenth-Century Britain*, Cambridge 2020, S. 187–201.

Preisendörfer, Bruno: *Als die Musik in Deutschland spielte: Reise in die Bachzeit*, Köln 2019.

Rasmussen, Karl Aage: *Talende toner. Georg Friedrich Händels livsfuga*, Kopenhagen 2020.

Sandberger, Wolfgang: *„Gehorcht mir, sanfte Saiten, und helft mein Leid bestreiten". Musik und Melancholie in Händels Aufklärung. Einführung zum Symposium der Händel-Festspiele 2019*, in: Göttinger Händel-Beiträge 21, 2020, S. 1–5.

Schmid, Josef Johannes: *Westminster 1727. God, the King & Mr. Handel*, in: Herbert Kerner u. a. (Hg.): *Sakralisierungen des Herrschers an europäischen Höfen: Bau – Bild – Ritual – Musik (1648–1740)*, Regensburg 2019, S. 281–298.

Thimann, Michael: *Händel als neuer Orpheus. Anmerkungen zur Musikikonographie der Frühen Neuzeit*, in: Göttinger Händel-Beiträge 21, 2020, S. 41–56.

Werner, Edwin: *Georg Friedrich Händel. Ein europäischer Musiker aus Halle*, Halle (Salle) 2020.

Zsovár, Judit: *Anna Maria Strada, Prima Donna of G. F. Handel*, Berlin 2020.

Zsovár, Judit: *Baroque Prototypes of the Soprano Sfogato*, in: The Handel Institute Newsletter 30, 2019, Heft 2, S. 1–4.

Vokalwerke

Abbado, Elena: Rodrigo *as Seen by „Rodrigo": Staging and Reception of Handel's First Italian Opera*, in: Händel-Jahrbuch 66, 2020, S. 339–268.

Assmann, Jan: *Das Archiv als Quelle des Neuen: Georg Friedrich Händels* Israel in Egypt, Zürich / Winterthur [2020] (= Neujahrsblatt der Allgemeinen Musikgesellschaft Zürich auf das Jahr 2020 204).

Beeks, Graydon: *„Thy Hand, Dalinda": Characterization, Contrast and Maturity in* Ariodante, in: Händel-Jahrbuch 66, 2020, S. 287–294.

Birnbaum, Elisabeth: *„So are they blest who fear the Lord"? – Händels biblische Frauengestalten*, in: Händel-Jahrbuch 66, 2020, S. 35–48.

Burrows, Donald: *‚Before him stood soundry sweet Singers of this our Israel': The Chorus Singers for Handel's London Oratorio Performances*, in: John Cunningham / Bryan White (Hg.): *Musical Exchange between Britain and Europe, 1500–1800: Essays in Honour of Peter Holman*, Woodbridge 2020, S. 265–281.

Burrows, Donald / Keynes, Milton: *Beyond* Theodora. *Handel's Oratorio Soloists in the 1750s*, in: Händel-Jahrbuch 66, 2020, S. 181–196.

Cerkovnik, Esma: *Benedetto Pamphilj und die Konversion.* Il Trionfo del Tempo e del Disinganno *in neuem Licht*, in: Göttinger Händel-Beiträge 21, 2020, S. 71–97.

Charton, Anke: *Amastre to Armida. Tropes of Female Agency in Handel's Operas*, in: Händel-Jahrbuch 66, 2020, S. 325–335.

Ćurković, Ivan: *Pastoral Disguise and Identity Conflict in Handel's* Atalanta, in: Händel-Jahrbuch 66, 2020, S. 269–286.

Ćurković, Ivan: *Pastoralna krinka i konflikt identiteta u operi Atalanta Georga Friedricha Händela* [Pastoral Disguise and Identity Conflict in Georg Friedrich Händel's Atalanta], in: Ivano Cavallini / Jolanta Guzy-Pasiak / Harry White (Hg.): *Glazba, migracije i europska kultura: Svečani zbornik za Vjeru Katalinić / Music, migration and European culture: Essays in honor of Vjera Katalinić*, Zagreb 2020 (= Muzikološki zbornici 22), S. 273–290.

Ćurković, Ivan: *Zwischen Alcina und Theodora. Frauengestalten in den Werken Händels und seiner Zeitgenossen*, in: Croatian Musicological Review / Arti musices 51, 2020, Heft 1, S. 152–156.

Decker, Gregory J.: *Dance Music and Signification in Handel's Opera Seria*, in: Gregory J. Decker / Matthew R. Shaftel (Hg.): *Singing in Signs: New Semiotic Explorations of Opera*, New York 2020, S. 131–162.

Delpech, Louis: *Der Wechsel in die Varianttonart als Merkmal des französischen Stils um 1700*, in: Hans-Joachim Hinrichsen / Stefan Keym (Hg.): *Dur versus Moll. Zur Geschichte der Semantik eines musikalischen Elementarkontrasts*, Köln u. a. 2020, S. 131–153.

DeSimone, Alison: *Strategies of Performance: Benefits, Professional Singers, and Italian Opera in the Early Eighteenth Century*, in: dies. / Matthew Gardner (Hg.): *Music and the Benefit Performance in Eighteenth-Century Britain*, Cambridge 2020, S. 162–184.

Dremel, Erik: *Der Siegeszug von Händels* Messiah, in: *Musik und Kirche* 89, 2019, Heft 6, S. 376–380.

Englund, Axel: *Deviant Opera. Sex, Power, and Perversion on Stage*, Oakland 2020.

Eskenazy, Nathanaël: *Prodiges et fantômes dans les operas de Georg Friedrich Händel*, in: *Revue Musicale de Suisse Romande* 72, 2019, Heft 4, S. 4–27.

Fischer, Irmtraud: *Gender „wildert in Texten": Zur Rezeption biblischer Frauenfiguren*, in: *Händel-Jahrbuch* 66, 2020, S. 75–86.

Galigani, Giuseppe: *Il mito di Sansone all'opéra*, in: Camillo Faverzani (Hg.): *Cithara et Spiritus Malus. La Bible et l'Opéra/La Bibbia e l'Opera*, Lucca 2019 (= Sediziose voci. Studi sul melodramma 8), S. 119–134.

Gardner, Matthew: *English Oratorio and Charity Benefits in Mid-Eighteenth-Century London*, in: Alison DeSimone / ders. (Hg.): *Music and the Benefit Performance in Eighteenth-Century Britain*, Cambridge 2020, S. 202–219.

Gardner, Matthew: *Female Virtue in Early English Oratorios: Handel's* Deborah, in: *Händel-Jahrbuch* 66, 2020, S. 87–101.

Gant, Andrew: *The Making of Handel's Messiah*, Oxford 2020.

Harris, Ellen T.: *Deranged, Defiant, Dutiful: Innocence in the Face of Death*, in: *Händel-Jahrbuch* 66, 2020, S. 115–136.

Heller, Wendy: *Handel's Women and the Art of Dissimulation: A Legacy from the Seicento*, in: *Händel-Jahrbuch* 66, 2020, S. 253–267.

Kim, Minji: *Handel's Choruses of ‚praise and thanksgiving after victory' and Non nobis Domine*, in: *Early Music* 47, 2019, Heft 4, S. 551–568.

Kosheleva, Maria A.: *Opera Dilogy* Der beglückte Florindo *("Florindo Made Happy") and* Die Verwandelte Daphne *("Daphne Metamorphosed") by G. F. Handel: Problem of Plot Formation*, in: *Journal of Siberian Federal University. Humanities & Social Sciences* 13, 2020, Heft 6, S. 904–913.

Krieg, Gustav A.: *Die anglikanische Kirchenmusik – historisch und praktisch: Einführung und Repertoirekunde*, Bergheim 2020.

Knoth, Ina: *Eine Kriegerin für die Londoner Opernbühne: Margherita Durastanti als Clelia in* Muzio Scevola, in: *Händel-Jahrbuch* 66, 2020, S. 197–214.

Lanfossi, Carlo: *Listening to* Didone abbandonata, in: *The Handel Institute Newsletter* 30, 2019, Heft 2, S. 4–6.

Lee, Junghyun: *An Understanding of Style of Baroque Ornamentation in Handel's Operatic Arias: A Study of Selected Recordings (1950s–2010s)*, Diss. University of Kentucky, Lexington 2020.

Lee, Namjai: *Comparison of Victory-Commemorative Works of Rameau and Handel*, in: *Journal of the Musicological Society of Korea* 22, 2019, Heft 1, S. 113–150.

Leopold, Silke: *Von A(thalia) bis Z(enobia): Händels Galerie der starken Frauen*, in: *Händel-Jahrbuch* 66, 2020, S. 13–32.

Mehltretter Florian: *Il pastor fido – Decorum und Tragikomik unter Nymphen und Schäferinnen*, in: *Händel-Jahrbuch* 66, 2020, S. 313–324.

Papini, Maria Carla: *Da Ester a Maria: itinerario di un personaggio biblico. Il libro di Ester e le sue version in ambito drammaturgico e musicale*, in: Camillo Faverzani (Hg.): *Cithara et Spiritus Malus. La Bible et l'Opéra/La Bibbia e l'Opera*, Lucca 2019 (= Sediziose voci. Studi sul melodramma 8), S. 239–252.

Poetzsch, Ute: *Weiterdenken. Wie Händel mit Telemanns Musik arbeitete*, in: *Musik und Kirche* 89, 2019, Heft 1, S. 14–17.

Roberts, John H.: *Semiramide: Handel's Unknown Queen*, in: *Händel-Jahrbuch* 66, 2020, S. 215–233.

Smith, Ruth: „*Ho un gran cor*": *Dorinda's great-heartedness*, in: Händel-Jahrbuch 66, 2020, S. 295–312.
Strohm, Reinhard: *Weibliche Arientypen in der italienischen Oper der Händelzeit*, in: Händel-Jahrbuch 66, 2020, S. 235–252.
Timms, Colin: *Did Handel Borrow from Leclair?*, in: The Handel Society Newsletter 30, 2019, Heft 1, S. 4–6.
Varka, Natassa: ‚*For Wisdom far renown'd': Jennen's Nitocris and her Role in* Belshazzar, in: Händel-Jahrbuch 66, 2020, S. 103–113.
Volk-Birke, Sabine: *Geschlechterrollen in Händels Oratorien: Haben Frauen Handlungsspielräume?*, in: Händel-Jahrbuch 66, 2020, S. 49–73.
von Ammon, Frieder: *Intermediales Vergnügen in Gott. Brockes' Gewittergedicht im musikalischen Kontext*, in: Mark-Georg Dehrmann / Friederike Felicitas Günther (Hg.): *Brockes-Lektüren: Ästhetik – Religion – Politik*, Bern u. a. 2020 (= Publikationen zur Zeitschrift für Germanistik. Neue Folge 31), S. 227–250.
Waczkat, Andreas: „*... and heal his wounded soul". Die Heilung durch Musik in Händels* Saul *und ihr Kontext*, in: Göttinger Händel-Beiträge 21, 2020, S. 33–40.
Wald-Fuhrmann, Melanie: *Musik und Melancholie. Mit einer Anwendung an Händels* L'Allegro, il Penseroso ed il Moderato, in: Göttinger Händel-Beiträge 21, 2020, S. 7–31.
White, Bryan: *Music for St Cecilia's Day: from Purcell to Handel*, Woodbridge 2019 (= Music in Britain, 1600–2000 22).
Winkler, Amanda Eubanks: ‚*Armida's Picture we from Tasso Drew'?: The Rinaldo and Armida Story in Late Seventeenth- and Early Eighteenth-Century English Operatic Entertainments*, in: Katherine Butler / Samantha Bassler (Hg.): *Music, Myth and Story in Medieval and Early Modern Culture*, Woodbridge 2019 (= Studies in Medieval and Renaissance Music 19), S. 241–258.
Zazzo, Lawrence: ‚*Troppo audace': Ambition and Moderation in Handel's Bilingual Revival of* L'allegro, il penseroso, ed il moderato, in: Eighteenth-Century Music 17, 2020, Heft 2, S. 215–242.

Instrumentalwerke

Bockmaier, Claus: ‚*La reunion des goûts' als Vortragsindiz. Zu Händels A-Dur-Suite des Drucks von 1720*, in: Claus Bockmaier / Dorothea Hofmann (Hg.): *Zur performativen Expressivität des KClaviers: Aufführung und Interpretation – Symposium München, 27.–28. April 2018*, München 2020, S. 65–94.
Rawson, Robert G.: *Concertos ‚upon the Stage' in Early Hanoverian London: The Instrumental Counterpart to Opera Seria*, in: Alison DeSimone / Matthew Gardner (Hg.): *Music and the Benefit Performance in Eighteenth-Century Britain*, Cambridge 2020, S. 60–82.

Rezeption

Hirschmann, Wolfgang: „*Was er angriff, wurde sein eigen" – Händels Exzerpierpraxis im Horizont der Genieästhetik*, in: Berichte zur Wissenschafts-Geschichte 43, 2020, Heft 2, S. 203–217.
Howard, Luke: *Ebenezer Prout (1835–1909) and* Messiah*: an overdue assessment*, in: Newsletter of the American Handel Society 34, 2019, Heft 2, S. 1–3.
Koch, Klaus-Peter: *Frühe Aufführungen von oratorischen Werken Händels in Außereuropa*, in: Händel-Jahrbuch 66, 2020, S. 391–403.
Konson, Grigori R. / Konson, Irina A.: *Händels Opern im Kontext moderner Regie: Zur Frage der Umsetzung der Kompositionsprinzipien der Filmkunst in einer Oper*, in: Наука телевидения 16, 2020, Heft 2, S. 101–125.

Krull, Wilhelm: *Das Ende vom Anfang? Der Erste Weltkrieg, die Wiederentdeckung Händels und das kurze 20. Jahrhundert*, in: *Göttinger Händel-Beiträge* 21, 2020, S. 99–117.

Scott, Rachel E.: *Home-made from A to Z: New Documents for the Early History of Händel Opera in America*, in: *Fontes artis musicae* 67, 2020, Heft 2, S. 143–160.

Spors, Michael: *Messias-Vertonungen in der zweiten Hälfte des 18. Jahrhunderts*, in: *Musik und Kirche* 89, 2019, Heft 6, S. 382–385.

Spors, Michael: *Mozart Bearbeitungen von Werken anderer Komponisten*, in: *Musik und Kirche* 89, 2019, Heft 1, S. 18–21.

Walls, Peter: ‚*With Verdure Clad'*: *The Creation in Colonial New Zealand*, in: *Choral Journal* 60, 2020, Heft 8, S. 10–18.

Mitteilungen der Göttinger Händel-Gesellschaft e. V.

Die Pläne zum Jubiläum der Internationalen Händel-Festspiele Göttingen waren groß. Vor einhundert Jahren hatte alles im Deutschen Theater Göttingen mit der Aufführung der *Rodelinde* begonnen. Was lag näher, als alle 42 Opern, die Georg Friedrich Händel vollendet hat, im Jubiläumsjahr in den unterschiedlichsten Formaten zu präsentieren: in großen szenischen Produktionen, konzertanten Fassungen, kammermusikalischen Arrangements oder in genreübergreifenden Programmen – auch Reisen zu befreundeten Festivals waren geplant. Doch dann kam alles ganz anders. Die Feierlichkeiten zum Jubiläum der Internationalen Händel-Festspiele Göttingen mussten aufgrund der Covid-19-Pandemie verschoben werden.

Dabei hatte das Jubiläumsjahr im Februar noch so eindrucksvoll begonnen: mit der Eröffnung der von Andrea Rechenberg in Kooperation mit den Festspielen kuratierten Sonderausstellung Händel_Göttingen_1920 im Städtischen Museum. Der Festakt zur Eröffnung der Schau wurde in der Aula der Universität zu einer musikalischen Zeitreise mit der Akademischen Orchestervereinigung, der Sopranistin Christina Gansch und dem Bariton Tobias Berndt. Der Vorsitzende unserer Gesellschaft hatte dabei die Gelegenheit, die Bedeutung der Ausstellung gerade für die wechselvolle Geschichte und das heutige Selbstverständnis der 1934 gegründeten Händel-Gesellschaft zu erläutern. Keiner ahnte zu diesem Zeitpunkt, dass die Ausstellung nur drei Wochen später wegen des landesweiten Lockdowns geschlossen werden musste und die Festspiele ausgerechnet im Jubiläumsjahr ausfallen würden.

In engem Zusammenspiel mit den Gesellschaftern Stadt, Landkreis und Göttinger Händel-Gesellschaft e. V. ergriff die Geschäftsführung schnell Maßnahmen zur Stabilisierung der Festspiele. Zahlreiche Förderer und Sponsoren unterstützten die Festspiele trotz Ausfall des Programms bzw. übertrugen die Mittel unbürokratisch in das folgende Jahr. Sie trugen so maßgeblich zum Erhalt der Festspiele bei. Für die Mitglieder der Geschäftsstelle wurde Kurzarbeitergeld beantragt. Durch die ungeheure Spendenbereitschaft der Ticketkunden wurde ein Erlös von über 100.000 € erzielt. Dadurch konnten auch erbrachte Teilleistungen vergütet werden, um die zahlreichen Sängerinnen und Sänger, Instrumentalistinnen und Instrumentalisten der Festspiele zu unterstützen, durch die das Festival erst zum Leben erweckt wird und die durch die Covid-19-Pandemie unverschuldet in existenzielle Nöte geraten sind. Von vielen Seiten erlebten wir eine solidarische Unterstützung, erwähnt sei hier lediglich eine Spende der Händel-Freunde aus Karlsruhe an unsere Gesellschaft, die ebenfalls zur Unterstützung des FestspielOrchesters gedacht war.

Trotz der Verschiebung des Programms auf das Jahr 2021 mussten Festspiel-Fans nicht gänzlich auf Händels Musik und spannende Formate mit Künstlerinnen und Künstler verzichten. Ein Digitales Festival fand im ursprünglich geplanten Festspielzeitraum vom 20. Mai bis 1. Juni 2020 statt. Jeden Tag wurden auf den Festspiel-Kanälen bei Facebook und YouTube sowie auf der Festspiel-Website ein musikalischer Beitrag und ein Talkformat veröffentlicht. Trotz kurzer Vorbereitungszeit und quasi ohne Budget haben die Künstlerinnen und Künstler der Festspiele gemeinsam mit dem Intendanten und den Mitarbeiterinnen der Geschäftsstelle ein abwechslungsreiches Programm zusammengestellt. Präsentiert wurden u. a. Videos mit den Publikumslieblingen Anna Dennis und William Berger, dem aktuellen, ehemaligen und zukünftigen Künstlerischen Leiter der Festspiele Laurence Cummings, Nicholas McGegan und George Petrou und natürlich dem FestspielOrchester Göttingen. Prof. Dr. Wolfgang Sandberger lenkte in seinem digitalen Vortrag den Blick auf die Geschichte der Festspiele.

Auch die Sonderausstellung wurde in ein digitales Format überführt: www.haendelgoe1920.de. Parallel dazu entstand ein wachsendes Interesse an der analogen Ausstellung. Mit der Hoffnung, die Jubiläumsfeierlichkeiten der Händel-Festspiele 2021 nachholen zu können, ist zugleich entschieden worden, die Ausstellung bis zum Ende der nächsten Festspiele offen zu halten.

Insgesamt zehn Opernproduktionen der Festspiele standen von Beginn des Jahres bis zum 30. September im Online-Stream zur Verfügung. Grundlage sind die Mitschnitte, die in Kooperation mit NDR Kultur seit 2009 für das „Public Viewing – Oper für alle!" produziert werden.

Auch die für den Mai geplante Mitgliederversammlung der Göttinger Händel-Gesellschaft e. V. musste aufgrund der Covid-19-Pandemie entfallen. Am 28. Oktober 2020 wurde diese im Format einer Videokonferenz nachgeholt. Dabei wurden Sigrid Jacobi, Dr. Dagmar Schlapeit-Beck und Prof. Dr. Andreas Waczkat in Ihrem Amt als Vorstand bestätigt. Barbara Mirow trat nicht mehr an und wurde mit herzlichem Dank für ihr Engagement verabschiedet. Als neues Vorstandsmitglied wurde Herr Michael Birlin gewonnen. Er ist stellvertretender Vorstandsvorsitzender der Sparkasse Göttingen. Zuvor war er stellvertretendes Vorstandsmitglied der Sparkasse Mainz. Als gebürtiger Kölner besuchte er schon während seines Betriebswirtschaftslehrestudiums gern die Kölner Oper und die Kölner Philharmonie. Er ist verheiratet und Vater von drei erwachsenen Töchtern, die alle derzeit in der Ausbildung oder Studium sind. Michael Birlin war erfreut über die Wahl zum Vorstand: „Meine Frau und ich sind begeistert von der Göttinger Kultur. Als Vorstand der Göttinger Händel-Gesellschaft e. V. möchte ich mich im Ehrenamt auch persönlich engagieren und die Entwicklung der Händel Festspiele weiter vorantreiben."

Die Internationalen Händel-Festspiele Göttingen 2021 waren zunächst für den

13.–24. Mai geplant. Vor dem Hintergrund der weiterhin unsicheren Planungshorizonte hatten der Aufsichtsrat und die Geschäftsführung der Int. Händel-Festspiele Göttingen GmbH Anfang Februar 2021 allerdings gemeinsam entschieden, die Festspiele ein zweites Mal auf den Termin 9. bis 19. September 2021 zu verschieben. Für den Festspielzeitraum im Mai werden aktuell ausgewählte digitale Musikformate sowie Einführungsveranstaltungen und Talks geplant. Im September folgen dann die großen Opern- und Konzertformate mit international renommierten Solistinnen und Solisten und dem FestspielOrchester Göttingen.

Nachdem der letzte Ton des Festivals verklungen sein wird, steht ein großer Wechsel an. Der griechische Dirigent George Petrou wird Künstlerischer Leiter, Jochen Schäfsmeier Geschäftsführender Intendant. Sein Vorgänger Tobias Wolff wird ab 2022 Intendant der Oper Leipzig. Der Künstlerische Leiter der Int. Händel-Festspiele Göttingen Laurence Cummings wird ab der Saison 2021/22 neuer Direktor der Academy of Ancient Music und widmet sich weiterhin seinen Ämtern als Künstlerischer Leiter des London Handel Festival, Musikdirektor des Orquestra Barroca Casa da Música in Porto und Kuratoriumsmitglied des Handel House in London.

Zwei Persönlichkeiten, die für die Göttinger Händel-Gesellschaft e. V. bedeutsam waren, sind im Jahr 2020 verstorben. Ehrenmitglied Torsten Wolfgramm (30. August 1936–19. April 2020) war von 1968 bis 1979 Ratsherr der Stadt Göttingen. Von 1974 bis 1994 war er Mitglied des Deutschen Bundestages. Hier bekleidete er von 1978 bis 1991 das Amt des Parlamentarischen Geschäftsführers der FDP-Bundestagsfraktion. Von 1994 bis 1995 gehörte er der Parlamentarischen Versammlung des Europarates an. Er hat sich in vielfacher Weise als Gremien-Mitglied und als Händel-Streiter auf Bundesebene verdient gemacht. Bis zuletzt hielt er zum Intendanten und den Mitarbeiterinnen der Geschäftsstelle, aber auch zum Vorstand engen Kontakt.

Thomas Oppermann (27. April 1954–25. Oktober 2020) war bis zu seinem Tod Vizepräsident des Deutschen Bundestages. Zuvor war er Vorsitzender der SPD-Bundestagsfraktion, Erster Parlamentarischer Geschäftsführer der SPD-Bundestagsfraktion und von 1998 bis 2003 niedersächsischer Minister für Wissenschaft und Kultur. Nach den Bundestagswahlen 2005, 2009, 2013 und 2017 zog er als direkt gewählter Abgeordneter in den Bundestag ein. Thomas Oppermann war den Int. Händel-Festspielen Göttingen seit vielen Jahren eng verbunden und hat sich stets mit Weitsicht und großem Engagement für deren Belange eingesetzt. Die Festspiele verdanken ihm viel und werden ihm stets ein ehrendes Andenken bewahren.

Tobias Wolff / Wolfgang Sandberger
Göttingen, im Februar 2021

Register

Albert Edward, Prince of Wales 47
Alexandra von Dänemark, Princess of Wales 47
Arnold, Samuel 14
Atlas, Allan W. 38
Austen, Jane 45
Avé-Lallemant, Theodor 17, 18

Bach, Carl Philipp Emmanuel 52
Bach, Johann Sebastian 6, 9, 11, 12, 15, 17, 31, 32, 34–36, 38, 42, 51, 53, 68–70, 74–76
Bagier, Guido 52
Balfour, Arthur James 6, 29, 32–42, 44–47, 49, 50
Balfour, Evelyn → Strutt, Evelyn
Balfour, Gerald William 36
Barnby, Joseph 40, 41
Bartók, Béla 74, 78, 79
Beale, Thurley 41
Beethoven, Ludwig van 9, 11, 13–16, 34, 35, 37, 38, 47, 74
Behr, Johannes 16
Benedict, Julius 44, 49
Benjamin, Walter 72
Berg, Alban 74
Bertholet, Alfred 92
Bloch, Ernst 9
Bordoni, Francesco 77
Boult, Adrien 46
Brahms, Johannes 6, 9–19, 21–24, 27, 31, 34, 35, 46, 52
Brendel, Franz 13
Bülow, Hans von 70
Burrows, Donald 49
Busoni, Ferruccio 70, 74

Calsow, Georg 91, 92
Charlotte Sophie, Königin 76
Cherubini, Luigi 47
Chrysander, Friedrich 6, 7, 12, 22, 23, 32, 55, 56, 62,
Clayton, Lennox 46
Clementi, Muzio 15
Clive, Peter 21, 25
Coleridge-Taylor, Samuel 44, 46
Corelli, Arcangelo 60
Cossel, Otto Friedrich Willibald 17, 23, 27
Couperin, François 35
Cummings, William Hayman 41, 46
Cunninghame Graham, Robert 45
Cusins, William 49

Dandridge, Bartholomew 16
Davey, Henry 29, 32
Dean, Winton 31
Debussy, Claude 42
Diabelli, Anton 13
Docker, Frederick Arthur William 44, 45
Draeseke, Felix 54
Drinker, Sophie 18
Dugdale, Blanche E. C. 34
Dunhill, Thomas F. 31
Dyson, George 47

Edelmann, Bernd 17
Edward VII, britischer König → Albert Edward
Ehlert, Louis 13
Elgar, Edward 36
Ellicott, Charles, Bischof von Gloucester 45
Ellicott, Constantia 45, 46
Ellicott, Rosalind 45
Elvey, George 49

Ferromonte, Carlo 78, 81
Finscher, Ludwig 79

Fuchs, Edmond 42
Fuchs, Henriette 42
Fuller Maitland, John Alexander 31, 44

Gastgeb, Peregrin von 9
Gervinus, Georg Gottfried 5
Gill, Allen 46
Gladstone, Herbert John 45
Gladstone, Mary 35, 37–40, 42, 45, 46
Gladstone, William Ewart 37, 45
Gladstone, William Henry 42, 45
Gluck, Christoph Willibald 9, 46, 74
Gogh, Vincent van 98
Goodall, Reginald 45, 46
Goossens, Eugène 44, 46
Grainger, Percy 36
Grove, George 37, 44
Grünewald, Matthias 98
Gülke, Peter 15

Hadow, William Henry 31, 42
Hagen, Oskar V, VI, 4, 5, 7, 89, 90, 92, 94, 95, 97, 98
Hagen-Leisner, Thyra 94, 95
Hallé, Charles 39
Händel, Anna 2, 3
Händel, Dorothea (geb. Taust) 2
Händel, Johanna Christiana 3
Harburger, Walter 78
Harrison, Julius 46
Haydn, Joseph 6, 9, 47
Haym, Nicola 7
Henschel, George 46
Georg II., Herzog 53, 61
Hesse, Hermann 6, 71–87
Hindemith, Paul 69
Hopkins, Douglas 46
Howes, Frank 31
Hoyer-Masing, Christine 97, 99
Hoyer, Christine → Hoyer-Masing, Christine
Hübbe, Walter 19
Huch, Ricarda 85
Hudson, Frederick 56, 60

Hullah, John 41, 49
Humperdinck, Engelbert VI

Irvine, Thomas 36
Isenberg, Carlo → Ferromonte, Carlo

Jaques-Dalcroze, Émile 97
Jennens, Charles 41
Jenner, Gustav 12
Joachim, Joseph 15, 36, 37, 39, 42

Kalbeck, Max 10, 11, 14, 16, 18, 19, 23
Keen, Basil 42
Kepler, Johannes 78, 79
Kerndl, Ella 70
King, Oliver 41
Krull, Wilhelm 1
Kuhnhardt, Rudolf 7

Laloy, Louis 30
Leigh, William Austen 40
Leisner, Emmy 94
Lemmens-Sherington, Helen 41
Leonardo da Vinci 5
Lessmann, Otto 54
Liddle, J. Samuel 45, 46
Lipps, Hans 97
Lorenz, Rudolf 97
Ludwig, Friedrich 92
Lyttelton, George William Spencer 37, 45
Lyttelton, Lavinia 37
Lyttelton, May 37
Lyttelton, Meriel Sarah 45
Lyttelton, Neville 37

Macfarren, George Alexander 41
Mahler, Gustav 60,
Mann, Arthur Henry 46, 49
Mann, Thomas 72, 73
Manns, August 35, 37, 46, 47
Marshall, Julian 35
Marxsen, Eduard 17, 23
Mendelssohn Bartholdy, Felix 34, 44
Michelangelo Buonarroti 5, 7

Moscheles, Ignaz 6, 9, 11, 14, 15, 17, 22, 27
Moses 82
Mottl, Felix 60,
Mozart, Wolfgang Amadé 6, 9, 15, 41, 72, 74–77

Nägeli, Hans-Georg 5
Neufeldt, Ernst 56, 60, 61,
Niedecken-Gebhard, Hanns 99
Nottebohm, Gustav 23

O'Neill, Norman 46
Otten, Georg Dietrich 17, 18

Parratt, Walter 46
Parry, Hubert 35, 42, 44
Patey, Janet Monach 41
Patey, John 41
Perger, Richard von 12
Peters-Ebbecke, Hela V, VI
Platon 72, 78
Prout, Ebenezer 46
Purcell, Henry 31, 44
Pythagoras 78

Raffael (eig. Raffaello Sanzio da Urbino) 5
Redlich, Hans Ferdinand 60
Reger, Max 6, 51–54, 56–58, 60–63, 65–70
Reinecke, Carl 70
Richter, Gert 76
Rietschel, Ernst 16
Robinson, Michael F. 31

Sandberger, Wolfgang 9
Sauermann, Friederike → Wagner, Friederike
Sauermann, Georg 25
Sauermann, Kurt 24, 25
Schmid-Lindner, August 70
Schmitz, Volker 23
Schönberg, Arnold 69

Schubert, Franz 34
Schumann, Clara 16, 19–21, 27
Schumann, Marie 17, 21
Schumann, Robert 11, 13, 15–17, 27, 34, 35
Schütz, Heinrich 11, 15
Seiffert, Max 53–56, 58, 60, 62–64, 66, 67
Senkbeil, Torsten 11
Shakespeare, William 5
Shaw, George Bernard 29, 30, 47
Sibelius, Jean 47
Siegmund-Schultze, Walther 10, 22
Speyer, Edward 36
Stainer, John 41, 44
Stanford, Charles Villiers 34, 45
Steglich, Rudolf 7
Stifter, Adalbert 6
Straube, Karl 54, 55, 56
Strawinsky, Igor 74
Streatfeild, Richard Alexander 45
Strutt, Evelyn (geb. Balfour), Lady Rayleigh 45
Strutt, John William 38
Strutt, Richard 38
Sullivan, Arthur 41

Talbot, John Edward 45
Temperley, Nicholas 31
Thesiger, Frederic, 2. Baron Chelmsford 45
Thiersch, Paul 99
Thomas, Lewis 41
Tizian (eig. Tiziano Vecellio) 5
Tovey, Donald F. 36
Tschaikowsky, Pjotr I. 47

Vaughan Williams, Ralph 46
Vinci, Leonardo da → Leonardo da Vinci

Wagner, Cosima 35
Wagner, Friederike 11, 17–25, 27
Wagner, Hermann 18, 21
Wagner, Richard 9–11, 34, 35, 75, 86

Walker, Ernest 31
Walsh, John 22, 23
Warrack, Guy 46
Webb, Philip George Lancelot 44, 46
Weber, Friedrich Dionys 15
Weliver, Phyllis 40
Wellesley, Arthur, 1. Duke of Wellington 32
Weymar, Stefan 23

Wigman, Mary 97
Widmann, Josef Viktor 9
Wiesenfeldt, Christiane 15
Wilhelm II., Kaiser 89

Young, Percy M. 49

Zahrádka, Franz 14
Zweig, Stefan 85